RAÍZES DA PSICOLOGIA ANALÍTICA NO BRASIL
Pessoas e contexto

COLEÇÃO HISTÓRIAS DA PSICOLOGIA NO BRASIL

ARNALDO ALVES DA MOTTA

RAÍZES DA PSICOLOGIA ANALÍTICA NO BRASIL
Pessoas e contexto

Casa do Psicólogo®

© 2010 Casapsi Livraria e Editora Ltda.
É proibida a reprodução total ou parcial desta publicação, para qualquer finalidade, sem autorização por escrito dos editores.

1ª Edição
2010

Editores
Ingo Bernd Güntert e Juliana de Villemor A. Güntert

Assistente Editorial
Aparecida Ferraz da Silva

Capa
Sergio Gzeschenik

Projeto Gráfico & Editoração Eletrônica
Sergio Gzeschenik

Produção Gráfica
Fabio Alves Melo

Preparação de Original
Maria A. M. Bessana

Revisão
Flavia Okumura Bortolon

Revisão Final
Ana Paula dos Santos Bianchini e Lucas Torrisi Gomediano

Dados Internacionais de Catalogação na Publicação (CIP)
(Câmara Brasileira do Livro, SP, Brasil)

Motta, Arnaldo Alves da
   Raízes da psicologia analítica no Brasil : pessoas e contextos / Arnaldo Alves da Motta. -- 1. ed. -- São Paulo : Casa do Psicólogo®, 2010.

   ISBN 978-85-62553-14-1

   1. Psicologia analítica 2. Psicologia analítica - História I. Título.

10-04174   CDD-150.9

Índices para catálogo sistemático:
1. Psicologia analítica : História 150.9

Impresso no Brasil
Printed in Brazil

Reservados todos os direitos de publicação em língua portuguesa à

 Casapsi Livraria e Editora Ltda.
Rua Santo Antônio, 1010
Jardim México • CEP 13253-400
Itatiba/SP – Brasil
Tel. Fax: (11) 4524-6997
www.casadopsicologo.com.br

Apresentação do Conselho Federal de Psicologia

A atenção ao resgate da história da Psicologia no Brasil tem sido uma marca da atuação dos nossos conselhos profissionais ao longo da última década. De fato, o Plano Estratégico estabelecido pelo Conselho Federal de Psicologia em 1997 apontou esse tema como elemento fundamental para as ações de fortalecimento da profissão dos psicólogos no país.

Nesse período, foi realizada extensa gama de atividades voltadas ao estabelecimento de referências claras para a compreensão do processo de surgimento tanto da profissão quanto do pensamento psicológico no Brasil. Dezenas de livros e gravações em vídeo foram realizadas com recursos dos profissionais de Psicologia. Dentre essas dezenas de livros, encontra-se a série da qual este volume faz parte.

Nunca antes o tema da história da Psicologia recebeu tanta atenção dentro e fora da academia. Os conselhos deram contribuição inestimável para o resgate da memória da Psicologia no território nacional. As publicações do projeto Memória da Psicologia Brasileira vêm buscando o objetivo de permitir aos profissionais da área o reconhecimento da longevidade da construção da Psicologia e a tomada de consciência sobre o processo histórico de seu surgimento.

Produzir e tornar disponível material histórico é essencial para que os profissionais tenham elementos para situar sua atuação no tempo, identificar soluções já testadas para problemas que ainda existem e contextualizar os desafios que enfrentam no dia a dia, logrando produzir respostas cada vez mais qualificadas às demandas profissionais e acadêmicas.

Passados 13 anos desde o início deste trabalho, temos a felicidade de anunciar que, no momento de lançamento desta obra, estamos iniciando a comemoração do cinquentenário da Psicologia Brasileira. Essa é a perspectiva estabelecida pelo Conselho Federal para orientar suas ações nos temas relacionados à memória da Psicologia até o ano de 2012, quando se completam cinquenta anos da Lei 4.119, de 27 de agosto de 1962, que regulamentou a profissão no Brasil.

Humberto Verona
Presidente do Conselho Federal de Psicologia

Apresentação da Coleção

A coleção "Histórias da Psicologia no Brasil" é uma iniciativa do projeto Memória da Psicologia Brasileira do Conselho Federal de Psicologia, em associação com o Grupo de Trabalho em História da Psicologia da Associação Nacional de Pesquisa e Pós-graduação em Psicologia (ANPEPP). O objetivo da coleção é tornar disponíveis trabalhos que abordam diferentes aspectos e tendências da Psicologia brasileira, apresentados recentemente à comunidade de estudiosos da história de nossa área de estudo e pesquisa, na forma de teses e dissertações de pós-graduação. A adaptação desses textos acadêmicos para o público mais amplo, na forma de textos introdutórios curtos e objetivos, certamente poderá contribuir para ampliar o conhecimento sobre a Psicologia brasileira, em perspectiva histórica, nos diversos cursos de graduação na área.

O Conselho Federal de Psicologia tem apoiado já há alguns anos a divulgação dos estudos cada vez mais numerosos sobre a história da Psicologia no Brasil. O projeto Memória da Psicologia Brasileira tem por finalidade justamente contribuir para resgatar e ampliar o conhecimento sobre a evolução histórica da área da Psicologia no Brasil, em seus aspectos de produção intelectual, científica, institucional e profissional. A profissão do psicólogo foi recentemente regulamentada no país – a legislação de regulamentação profissional data de 1962. A própria criação do Conselho – órgão encarregado de velar pela organização do exercício profissional e que congrega todos os psicólogos brasileiros – é ainda mais recente, datando de 1972. No entanto, a produção intelectual relacionada a essa área de conhecimento é bem mais antiga, acompanhando a história da nossa cultura e de nossa sociedade.

O relativo desconhecimento sobre a formação histórica desse campo importante de reflexão sobre o humano em suas diversas manifestações e transformações levou à institucionalização do projeto, apresentado inicialmente no XI Plenário (1999-2001) e assumido com entusiasmo pelas gestões posteriores. O apoio do Conselho tem sido imprescindível para ampliar a pesquisa sobre o desenvolvimento da Psicologia como área de conhecimento e como profissão no Brasil, e para colocar à disposição de estudantes e profissionais um conjunto precioso de informações sobre personagens e fontes que fizeram parte do processo de construção da área entre nós. No âmbito do projeto Memória, foi editado o *Dicionário biográfico da Psicologia no Brasil* (Rio de Janeiro: Imago/Conselho Federal de Psicologia, 2001). Foram também instituídas as Coleções *Clássicos da Psicologia Brasileira* e *Pioneiros da Psicologia no Brasil*, com a finalidade de reeditar textos hoje considerados clássicos por sua contribuição importante e original no desenvolvimento do campo, e de divulgar os estudos aprofundados sobre as obras de personagens que, por seu trabalho intelectual e por suas iniciativas, colaboraram na ampliação e no desenvolvimento das instituições e práticas profissionais na área. A nova coleção *Histórias da Psicologia no Brasil* vem completar o quadro de referências sobre nossa história, contemplando estudos sobre conceitos e movimentos importantes na formação da Psicologia no Brasil.

O projeto Memória tem contado, desde o seu início, com a colaboração do Grupo de Trabalho em História da Psicologia da Associação Nacional de Pesquisa e Pós-graduação em Psicologia, cujos membros, estudiosos da história da Psicologia em diversas universidades brasileiras, são responsáveis pela pesquisa, seleção e comentários dos títulos e volumes editados. A associação entre o CFP e a ANPEPP tem contribuído para tornar real o sonho de trazer para o presente o conhecimento de nossa história, fortalecendo e aprofundando nossos laços com o passado e ampliando nossa capacidade crítica e produtiva na área de Psicologia. Trata-se de ampliar, entre os psicólogos e também para o público geral, o conhecimento sobre a evolução dessa área científica e profissional entre nós, visando não só compreender a formação e tendências já consolidadas da Psicologia, como também contribuir para tornar mais sólido o conhecimento atualmente produzido.

Regina Helena de Freitas Campos
Conselheira convidada do XIII Plenário
do Conselho Federal de Psicologia
Coordenadora do projeto Memória
da Psicologia Brasileira entre 2005 e 2007.

Sumário

Prefácio 15
Maria do Carmo Guedes

Apresentação 17
Alexandra Ayach Anache

    Introdução 23
        Primeiras perguntas 23
        As pessoas 25
        O contexto 31
        História da psicologia? 33
        Novas perguntas 35

    1 Como fazer história da psicologia? 39

    2 Em busca dos pioneiros 47
        O surgimento da psicologia analítica 47
        Assistência psiquiátrica no Brasil: do Hospício D. Pedro II à Seção de Terapêutica Ocupacional em Engenho de Dentro... 58
        Definindo os pioneiros 61

3 Os pioneiros da PA no Brasil 71
   Nise da Silveira 71
   Pethö Sándor 97
   Léon Bonaventure 113

4 Algumas considerações 119

Conclusão 139

Referências 141

Anexos
Anexo 1 - Situando a psicologia analítica no Brasil, datas e fatos.... 149
Anexo 2 - Produção e iniciativas ligadas a Nise da Silveira 159
Anexo 3 - Produção e iniciativas ligadas a Pethö Sándor 167
Anexo 4 - Produções e iniciativas lagadas a León Bonaventure 171
Anexo 5 - Informações sobre o panorama atual da PA no Brasil 173

Dedicatória

Dedico este trabalho aos que chegaram antes de mim, uma vez que, graças a eles, tenho a meu lado o que realmente importa: Jô, João Pedro e Luíza.

Prefácio

Como ter fundadores sem torná-los mitos, como se uma área do conhecimento pudesse ter origem única? Como definir períodos sem fazer disso uma periodização de cima para baixo, perigo, como o anterior, que não passa de resquício de uma historiografia linear? Como escapar a polaridades que são próprias ao pesquisar em história, como internalismo/externalismo, capaz de inibir um iniciante interessado em assumir uma "abordagem social"? Como abordar um passado tão recente do qual somos todos testemunhas?

Pesquisa cuidadosa permitiu a Arnaldo Motta a reconstituição da psicologia analítica no Brasil a partir de uma abordagem social em história da psicologia, "buscando situar personagens e fatos no contexto geral, entendida a história inserida em determinado tempo e lugar". Focalizando sujeitos/pessoas nessa história e o momento/contexto no qual se tornam dela personagens/pioneiros, Arnaldo demonstra sua perspectiva particular de olhar o mundo. Não há culto a personalidades; há, sim, uma aplicação do conceito de individuação próprio à abordagem focalizada, que "pressupõe o desenvolvimento das possibilidades individuais do ser em relação à respectiva coletividade historicamente situada".

A própria montagem do texto mostra como o autor enfrentou as armadilhas que a historiografia colocava em seu caminho: quando dedica a Introdução ao movimento que lhe permitiu formular o problema tal como o fez, perguntando logo se pode o presente ser objeto de história (Capítulo 1) e detalhando seu trabalho de busca dos pioneiros da psicologia analítica no Brasil (Capítulo 2). Ao longo da empreitada, sua exigência na busca por informações para decisões fundamentais só se compara à elegância e à ética do Capítulo 3, no qual "discorre" sobre seus achados.

Arnaldo volta a se colocar no papel do *mero autor* em suas considerações (Capítulo 4) sobre o realizado, alertando o leitor para seus desejos e motivações particulares, bem como para suas realizações ao empreender a tarefa. Assume, assim, a sabedoria de um Câmara Cascudo, para quem "o precioso da história contemporânea é a documentação para o futuro". Isso explica bem sua generosidade, entregando ainda, na forma de Anexos, muito material coletado: "Situando a psicologia analítica no Brasil, datas e fatos" e "Informações sobre produção e iniciativas ligadas" a seus personagens.

Raízes da psicologia analítica no Brasil, pessoas e contexto chega como uma contribuição importante na formação de psicólogos brasileiros e de pesquisadores em história da psicologia.

Profa. dra. Maria do Carmo Guedes
Professora da PUC-SP, coordenadora do Núcleo de Estudos em História da Psicologia do Programa de Estudos Pós-Graduados em Psicologia Social – PUC-SP.

Apresentação

Este trabalho apresenta o esforço de um coletivo que construiu uma vertente de pensamento da Psicologia brasileira e, nesse sentido, o pesquisador precisa trabalhar com um tempo policrônico, pois os atores que construíram a história são seres que habitam diversos territórios e vivenciaram contextos diferenciados. Articular a polifonia dos autores/atores registradas em fontes documentais diferenciadas é um dos maiores desafios para o historiador.

A obra de Arnaldo Alves da Motta ofereceu-nos conhecimentos sobre fatos e acontecimentos considerados propulsores para as transformações sociais presentes no período sobre o qual se debruçou. Note-se que muitos fatos narrados no texto se fazem atuais, com destaque para as ações contra os manicômios e outras formas de exclusão social. O autor foi cuidadoso ao apresentar os atores que protagonizaram as diversas situações que marcaram a defesa dos direitos humanos.

Seus argumentos sobre a necessidade de conhecer a história são convincentes, pois nos oferecem possibilidades de avançar na construção de conhecimentos e práticas que já foram produzidos, evitando repetições e vícios, bem como ele mesmo afirmou: "[...]

Ter consciência da história da área pode proporcionar uma dose saudável de humildade, ajudar a descartar afirmações inadequadas e excessivas e favorecer a tolerância a diferentes pontos de vista".

Por meio de uma abordagem social, o autor apresentou a história da Psicologia Analítica no Brasil, considerando especificamente os acontecimentos dos últimos cinquenta anos, tempo esse que coincide com a consolidação desta área de conhecimento como profissão no Brasil. Um de seus maiores desafios foi escolher um método de pesquisa para construir informações consideradas pelos estudiosos da área como adequadas para levantar dados de um passado não muito remoto. Assim, Motta optou pela história oral, entrevistando os fundadores e se valendo de outras fontes documentais, algumas foram indicadas por seus entrevistados.

Na primeira parte desta obra, Motta apresentou a história da Psicologia Analítica no Brasil, recuperando os antecedentes de uma vertente oriunda da Europa, visto que a Psiquiatria europeia investia na superação de conceitos e práticas organicistas, pautada na dicotomia corpo-alma. Os trabalhos do psiquiatra suíço Carl Gustav Jung (1875-1961) foram fundamentais para fortalecer as pesquisas sobre as doenças mentais, sobretudo no Brasil.

Dentre os autores que se inspiraram nos conceitos junguianos estão Nise da Silveira, Pethö Sándor e Léon Bonaventure. Para o tema, o autor dedicou os capítulos subsequentes. O trabalho de Nise da Silveira foi considerado por ele exemplo de confronto para as ideias presentes no período que se formou em 1926. Registre-se que estávamos em momento no qual as ideias higienistas predominavam. Após muitos investimentos, a autora declarou que seu encontro com a Psicologia junguiana foi fundamental para a compreensão da dinâmica do psiquismo humano.

A Psicologia junguiana percorreu outros caminhos e adquiriu novos contornos, considerando as especificidades de cada autor. Nesse sentido, Motta fez referência ao Instituto Sedes Sapientiae de São Paulo, que ofereceu e oferece cursos de extensão e especialização, além de grupos de estudos e da edição duas revistas, *Hermes* e *Jung e Corpo*, ambas de periodicidade anual.

Este Instituto originou-se em 1933, criado pelas Irmãs da Congregação de Nossa Senhora – Cônegas de Santo Agostinho, que decidiram fundar o Instituto Superior de Pedagogia, Ciências e Letras, fortalecendo-se após mudanças em sua estrutura, culminando com a integração da Faculdade Sedes Sapientiae à PUC-SP em 1971, após a reforma universitária de 1968.

Registre-se que a Clínica Psicológica Sede Sapientiae manteve-se fora das mudanças universitárias feitas no contexto da ditadura militar. Sob a direção de madre Cristina Sodré Dória, esse espaço ganha novas instalações em 1977 e é considerado o lócus para a o desenvolvimento de projetos que visavam a transformar a sociedade. Para fortalecer esse investimento, em 1981 a citada madre convidou o dr. Pethö Sándor para a elaboração de projetos de estudos e pesquisa na área. Esse médico húngaro imigrou para o Brasil em 1949, em consequência do turbulento período vivido durante a Segunda Guerra Mundial (1945).

Sándor apresentou um método de abordagem aos pacientes denominado calatonia. Nas palavras do autor, registradas por Motta, destacamos um trecho para compreensão desse método.

> [...] Num hospital da Cruz Vermelha foram atendidas as mais diferentes queixas na fase pós-operatória, desde membros fantasmas e abalamento nervoso, até depressões e reações compulsivas. Percebeu-se então que, além da medicação costumeira e dos cuidados de rotina, o contato bipessoal, juntamente com a manipulação suave nas extremidades e na nuca, com certas modificações leves quanto à posição das partes manipuladas, produzia descontração muscular, comutações vasomotoras e recondicionamento do ânimo dos operados, numa escala pouco esperada [...]. Aplicava-se a mesma técnica às pessoas deslocadas que se preparavam para emigração e na população abalada e constrangida, mas desta vez, não em clínicas

cirúrgicas, mas em pacientes das áreas psicológica ou neuropsiquiátrica. (Sándor, 1972b, p. 92-93)

Motta apresentou evidências de que Sándor se valeu dos postulados junguianos, sobretudo em algumas de suas obras, como na "Introdução" do *Boletim de Psicologia* (1972a, p. 4-10), quando apresentou o relaxamento como "um método de recondicionamento psicofisiológico". Além disso, descreveu a "psicoterapia biônoma de Schultz" (p. 5), a "terapia comportamental" (p. 6) e a "psicologia profunda" (p. 8), e afirma que a "[...] terapia organísmica e a comportamentalista podem ser combinadas com criteriosidade prudente, mesmo que as premissas e fundamentações sejam bem diferentes".

A seguir, Motta nos apresentou o belga Léon Bonaventure que imigrou ao Brasil, e, a partir dos anos de 1970, trouxe contribuições valiosas para que as ideias junguianas fossem disseminadas e ganhassem espaço na formação de novos analistas. Além disso, registramos sua participação na fundação da Sociedade Brasileira de Psicologia Analítica. Entre suas obras destacou-se os *Fundamentos da psicologia analítica*, a qual marcou o início da tradução para o português dos dezoito volumes das *Obras completas* de C. G. Jung, pela Editora Vozes, sob responsabilidade de um comissão constituída por dr. Léon Bonaventure, dr. Leonardo Boff, Dora Mariana Ribeiro Ferreira da Silva e dra. Jette Bonaventure.

Na última parte de seu texto, Motta retomou as perguntas iniciais de seu trabalho de pesquisa sobre a história da Psicologia Analítica no Brasil. Para responder a essa questão, enfatizou que "[...] que não devemos falar da história da psicologia analítica no Brasil, mas de uma história produzida por este autor, neste ano de 2005, em São Paulo". Ao trazer para o leitor os pioneiros destacados em seu texto, evidenciou a coincidência de difusão das ideias pelos autores, entre eles Nise, Sándor e Bonaventure, sem que isso os colocasse em uma condição de patentearem uma linha de pensamento ou de transplantarem uma teoria, mas de mostrar o quanto se valeram de princípios junguianos para construir saberes e práticas que respondiam a uma necessidade do tempo e do espaço em que viveram.

Todo esse trabalho foi possível porque Motta foi cuidadoso ao oferecer para o leitor informações, reflexões sobre o assunto em referência e pistas para que outras histórias fossem construídas ou mesmo resgatadas.

Conselheira Alexandra Ayach Anache
XIV Plenário do Conselho Federal de Psicologia

Introdução

Diz o ditado que os deuses, quando querem se divertir, resolvem atender ao pedido dos homens.

Primeiras perguntas

Comecei a pensar sobre a história da Psicologia Analítica no Brasil quando me dei conta de que a Sociedade Brasileira de Psicologia Analítica (SBPA), instituição da qual faço parte, completaria 25 anos de fundação. Esse marco é significativo em um país como o nosso, onde a tradição é volátil e a história pouco valorizada. Um exemplo pode ser visto no próprio âmbito das instituições nacionais, que "se defrontam com problemas que ameaçam a sua sobrevivência em curto prazo" (Tenório, 1997), fazendo com que grande parte delas não ultrapasse a fase pioneira. Sabendo disso, decidi: essa data merece ser comemorada!

Naquela época, em 2001, eu era presidente da SBPA, condição que me permitia olhar a instituição de uma perspectiva particular. Fazia parte daquele coletivo desde 1989, mas percebi que conhecia pouco a organização. Ao pensar em seus anos de existência, várias questões surgiram de forma provocativa. Afinal, uma organização não existe por si, é fruto da iniciativa e ação de pessoas. Quem são as pessoas que fundaram a SBPA? O que as motivou nessa empreitada? Em que condições que essa ação se deu? O que ajudou? O que atrapalhou? Como a instituição viveu de sua fundação até os dias atuais?

Além desse aspecto de minha vida profissional, outros elementos merecem atenção para melhor situar minha aproximação a esse tema. A história da psicologia esteve particularmente em voga, na ocasião, em virtude das ações do grupo de trabalho "História e Memória da Psicologia", constituído em 1999, que integrava a proposta "Memória da Psicologia Brasileira", desencadeada, em nível nacional, pelo Conselho Federal de Psicologia.

Esse grupo ligado ao Conselho Regional de Psicologia, região São Paulo, vinha desenvolvendo um trabalho cujo objetivo era registrar a trajetória dos psicólogos paulistas pioneiros. Buscava, com isso, tanto preservar a memória da profissão quanto contribuir para a construção de uma identidade da psicologia no Brasil.

Concomitantemente, iniciou-se, em São Paulo, intenso movimento em torno dos preparativos para a comemoração dos 450 anos de fundação da cidade, a ser festejados em 2004.

Impossível ficar alheio a todo o material produzido e divulgado sobre a história da metrópole paulista que, somado à iniciativa do CRP, certamente alimentou meu interesse por história.

Em paralelo, outro episódio, de início aparentemente sem conexão com o movimento acima, acabou por convergir no rumo de um projeto em história da psicologia.

Certo dia, encontrei uma antiga diretora do meu curso de graduação. Conversamos e fiquei sabendo da existência do Núcleo de História da Psicologia (Nehpsi), criado em 1983, sob sua coordenação. Despedimo-nos sem que eu tivesse percebido o sentido desse encontro. Dias mais tarde fui fazendo as conexões, lembrando do que Jung chamou de sincronicidade[1]. Casualmente eu encontrara alguém que coordenava um local de confluência de diversos caminhos: era aí, por exemplo, que fazia seu doutorado a psicóloga Carmem Taverna, coordenadora do GT "História e Memória da Psicologia", com a qual eu vinha tentando manter contato há tempos. Percebi que poderia estar ali a ajuda que eu vinha procurando para dar um formato mais consistente à ideia de conhecer a história da SBPA. Retomei o contato com a antiga diretora, professora Maria do Carmo Guedes, com um pedido mais claro: queria sua ajuda para meu projeto sobre os 25 anos da SBPA. Tive como resposta diversas indicações bibliográficas e um amável convite para participar de seu grupo de pesquisa em história da psicologia.

Os fatos relatados até aqui tratam da minha condição pessoal – presidir uma instituição e ter um encontro casual – e do momento em que tal condição foi vivida – quando aconteciam movimentos relacionados à pesquisa histórica no âmbito da minha profissão e da cidade em que vivo.

Essa forma de apresentar uma situação, enfocando o sujeito/pessoa e o momento/contexto, aparece também nas perguntas formuladas sobre a fundação da SBPA, demonstrando uma perspectiva particular sobre o mundo e a qual estará presente durante o desenvolvimento deste trabalho, motivo pelo qual merece aprofundamento.

As pessoas

No fim de 2001, ao procurar referências para encaminhar este projeto, alguns dos seus aspectos tomaram forma. Como demonstram certas perguntas iniciais, minha curiosidade voltou-se para a

---

[1] Sincronicidade refere-se a correlações não causais significativas entre eventos psíquicos (ou internos) e físicos (ou externos).

participação das pessoas na constituição daquela instituição que me interessava conhecer em profundidade.

A SBPA completaria 25 anos, o que poderia ser tratado como um fenômeno em si. Dessa forma, porém, sem levar em conta aqueles que participaram da instituição nesse período, dificilmente meu trabalho seguiria adiante. Sabemos que o grupo social instituído tem vida própria, mas uma instituição desvinculada de pessoas não me desperta interesse. Uma organização constitui-se em determinado momento a partir de iniciativas e ações de pessoas, como uma criação depende de seu criador para se tornar criatura.

A ideia do homem como criador está presente em passagens na mitologia ou na ciência. Alguns mitos falam do surgimento do ser humano como resultado de algum ato divino, para logo adquirir vida própria, não permanecendo por muito tempo submetido a seu criador. Normalmente esse é um momento de ruptura, em que o homem adquire autonomia, através da própria capacidade de ter iniciativas em função de seus desejos, vontades etc.

A passagem do Gênesis que descreve a cena do Primeiro Pecado (3, 1-24) pode ser um exemplo do que acabamos de afirmar. Estimulada pela serpente, Eva desrespeitou a proibição que Deus havia imposto. Experimentou e ofereceu a Adão o fruto da árvore da ciência do bem e do mal, que ficava no meio do jardim do Éden. Então, "subitamente abriram-se-lhes os olhos e ambos perceberam que estavam nus" (Gênesis, 3, 7). As consequências de tal ato foram várias, entre elas a de que o homem passou a se alimentar de seu trabalho penoso e com o suor de sua fronte. A seguir "o senhor Deus disse: – Eis que o homem se tornou como um de nós, conhecendo o bem e o mal [...]" (Gênesis, 3, 22).

Sem entrar no caráter de penalidade que reside no texto bíblico, vemos nessa passagem que o homem adquire a consciência de si próprio e passa a realizar ações no mundo, o que até então não acontecia. Antes, Adão vivia simplesmente do que já existia, sem precisar agir conscientemente. Depois, passou a depender de sua ação para produzir alimentos, o que, apesar de ser uma punição, paradoxalmente o torna apto a uma função divina, que é a da criação. A diferença é que para esse fim não lhe basta o verbo. São necessários o trabalho penoso e o suor de sua fronte.

O fato de a árvore do conhecimento estar localizada no meio do jardim pode ser entendido como uma referência ao self, que, para Jung, é o centro regulador da personalidade e contém todas as indicações para a individuação, processo pelo qual cada indivíduo se desenvolve em direção à realização de sua potencialidade.

Ao experimentar do fruto que lhe foi oferecido, Adão rompeu com uma condição anterior, passando a perceber sua própria nudez, ou seja, a olhar para si e saber de sua condição. Nessa cena temos a descrição de um momento em que o homem emerge de um estado indiferenciado e adquire um novo patamar de consciência. O mito expressa, dessa forma, uma íntima relação entre ação do indivíduo, criação e consciência, não necessariamente nessa ordem.

Situação semelhante é descrita em um mito inuíte, relatado por Knud Rasmusem e citado por von Franz (2003, p. 33-38). Nele, o Pai Corvo

> [...] não foi uma ave comum, mas um poder sagrado, criador da vida, que estava em tudo que existia neste mundo no qual hoje vivemos. Entretanto, ele também começou na forma de um ser humano (portanto não pense no Pai Corvo como um corvo; ele apenas se tornou um corvo) e ficava vagando no escuro e todos os seus feitos eram completamente erráticos, até que se tornou manifesto para ele quem era e o que deveria fazer. Sentava-se crococitando no escuro quando de repente despertou para a consciência e se descobriu. Ele não sabia onde estava ou como tinha começado a existir, mas respirou e teve vida, ele viveu. Tudo o mais à sua volta encontrava-se no escuro e ele não conseguia ver coisa alguma. Com as mãos, tateava seu caminho a esmo, tocando os objetos, e seus dedos tocavam a argila onde os abrisse [...]. Ele deixou que seus dedos deslizassem sobre a argila, e então achou seu rosto e sentiu que tinha nariz, olhos e boca, e também que possuía braços e pernas, como nós. Ele era um ser humano, um homem. Em cima de sua testa, sentiu um pequeno nó duro, mas não sabia por que estava lá, ele não possuía ideia de que havia se tornado um corvo antes, e que esse pequeno nó iria crescer e se transformar no seu bico. Mergulhou em profunda meditação. Agora entendia, de repente, que era um ser livre, algo independente que não estava pregado no que o rodeava. (Franz, 2003, p. 34-35)

A autora diz adiante que "essa é uma linda história que mostra que o processo de despertar para uma percepção de realidade é parecido com o estado de ânimo de quem sai de um estado de inconsciência" (Franz, 2003, p. 38-39). No primeiro momento, quando os feitos do Pai Corvo eram erráticos, o mito indica um estado em que não existe diferenciação de fronteiras entre um e outro e consequentemente um não pode saber de si enquanto não delimitar seu contorno. Quando isso acontece com o Pai Corvo, ele se desprega, rompe com sua condição anterior e passa a ter consciência de si e de suas criações.

Não só os mitos retratam esse tipo de situação, que fala da relação entre a ação do homem e o desencadear de novos saberes ou a aquisição de novos patamares para olhar o mundo. Pode-se encontrar paralelos semelhantes em alguns fatos históricos, como no surgimento do homem moderno, quando se retrata uma nova possibilidade de produção de saber.

Nicolau Copérnico (1473-1543) foi um sacerdote ortodoxo, característica que não o impediu de trazer à luz uma hipótese que literalmente deslocou a posição do homem no mundo. A sua obra *De revolutionibus orbium coelestium* apresenta a teoria heliocêntrica, que destrona a Terra como centro do universo.

Segundo Russell (1957, p. 49), Copérnico teve dois méritos fundamentais para a ciência moderna: a imensa paciência na observação e grande audácia na formulação de hipóteses. Posteriormente, Giordano Bruno (1548-1600), padre dominicano, "percebeu que o sistema de Copérnico, pelo qual optou, implicava o abandono definitivo da ideia de um universo estruturado e hierarquicamente ordenado" (Gioia, 2004, p. 183). A igreja já tinha acirrado sua atitude para com os que confrontavam a doutrina oficial. Por isso, diferentemente de Copérnico, Bruno não foi poupado da fogueira.

Galileu Galilei (1564-1642) reuniu-se aos que reafirmaram a teoria de Copérnico, tendo ainda utilizado instrumentos de observação para colocá-los a serviço do conhecimento. Por suas ideias também foi condenado duas vezes pela Inquisição. A primeira privadamente em 1616 e a segunda em 1633, quando fez a retratação pública de suas ideias, livrando-se do destino usual dado aos hereges.

Esses três personagens surgem como porta-vozes de um saber que se desvinculava da supremacia da Igreja Católica na produção de conhecimento. Nesse período, particularmente interessante, pois reflete uma dinâmica semelhante ao que acabamos de ver no Gênesis, temos uma mudança na forma de relacionamento com o saber, que passa da mera afirmação dos postulados de Deus à produção de novas formas de olhar o mundo propostas pelo homem. Assim como nos mitos, esses precursores da ciência moderna representaram a possibilidade de o homem ser, ele próprio, um criador de saberes, não mais se restringindo à mera reafirmação da verdade divina.

Descartes (1596-1650) pode ser tomado como outro exemplo, já que defende a autoria do indivíduo ao afirmar que "os edifícios projetados e concluídos por um só arquiteto costumam ser mais belos e mais bem estruturados do que aqueles que muitos quiseram reformar, utilizando-se de velhas paredes construídas para outras finalidades" (Descartes, 1999, p. 43). A sua frase *Cogito ergo sum* reafirma a relação entre tomada de consciência e produção de saber e está na base de um método que sistematiza uma nova maneira de cunhar novos conhecimentos, apoiada inteiramente na atividade do indivíduo.

Assim, falar de determinados fatos e acontecimentos que possuem a característica de provocar transformações traz junto a necessidade de apresentar seus atores, como forma de dar vida e humanidade à descrição de acontecimentos, mas também de fazer justiça aos que se arriscam em busca do desconhecido. Porém, as ações das pessoas se dão em função da época e do lugar em que agem, daí a necessidade de situar as ações humanas em seu contexto[2].

O contexto

Alguns poderiam criticar a abordagem que privilegia atores, afirmando que o culto a determinadas personalidades seria uma perspectiva afinada com a vaidade do ser humano, que não suportaria a ideia de ser fruto do ato divino e gostaria de se colocar no centro do mundo. Freud (1974a) já fez considerações a esse respeito no início do século passado com a formulação do conceito de inconsciente. Para o pai da psicanálise, esse seria o terceiro grande golpe desferido na ideia narcísica de que homem é o centro do universo ou senhor de suas vontades[3]. Contemporâneo de Freud, Jung (1976) formulou o conceito de individuação, que

---

[2] A palavra "contexto" aplicada à escrita é atribuída ao encadeamento de ideias de um escrito ou àquilo que constitui o texto no seu todo. Refere-se também a conjunto, todo, totalidade, expressando o uso aqui pretendido (Ferreira, 1988).

[3] O primeiro golpe, o cosmológico, tirou do homem a ilusão da Terra como centro do universo. O seguinte foi o golpe biológico, dado pela teoria da evolução das espécies, que propõe a ascendência animal do homem, tirando-lhe a suposta superioridade em relação aos animais. O terceiro golpe, chamado de psicológico, afirma, com o conceito de inconsciente, que "o ego não é o senhor da sua própria casa" (Freud, 1976, p. 178).

pressupõe o desenvolvimento das possibilidades individuais do ser em relação à respectiva coletividade historicamente situada.

Mesmo o suposto antropocentrismo, que poderia ser criticado nessa perspectiva, não teria mais sentido em pleno século XXI, depois dos conceitos da psicologia social ou dos estudos sobre o caos e a complexidade.

Rodríguez (1997) delimita três vertentes daquela disciplina: a psicologia social psicológica, a sociológica e a marxista, com uma derivação freudiano-marxista. As linhas mencionadas abordam, com diferentes perspectivas, o campo onde se dá a interação do indivíduo com o meio, seja um pequeno grupo, o ambiente ou o meio visto sob o prisma das ideologias que o permeiam.

Henry Atlan, médico e biologista[4], com sua teoria da auto-organização do vivo, entende por relatividade do conhecimento "o fato de tomar em consideração os diferentes fatores que desempenham um papel na sua construção" (Pessis-Pasternak, 1993, p. 63), colocando, assim, a presença do indivíduo apenas como um dos tantos elementos que interferem nos acontecimentos.

As ideias da psicanálise, da psicologia social, assim como dos pesquisadores atuais da física e da biologia, entre outros, falam de um indivíduo que participa e está sob a contingência de um conjunto enorme de variáveis, das quais ele tem um controle bastante precário, se é que possui algum. Nesse sentido, pensar o indivíduo em meio a uma série de fatores que o determinam em diversos aspectos faz com que ele retome a sua condição de criatura.

Não falamos de uma criatura como um ser absolutamente passivo e impotente, ao sabor das insondáveis variáveis do universo. O seu inverso é igualmente insatisfatório. Não se pretende

---

[4] A obra de Henri Atlan, que abarca diversos domínios científicos, como a biologia celular, biofísica e inteligência artificial, encontra a sua unidade na procura de uma teoria da complexidade.

apresentar o indivíduo como alguém onipotente, fazendo o que bem quer.

O homem de que falamos é alguém que age no mundo, porém o faz de acordo com os recursos que lhe são propiciados pela época em que vive e pelo lugar em que se encontra. Ou seja, sua ação é fruto de uma conjugação de fatores que lhe são inerentes e que ao mesmo tempo o transcendem. Por isso o homem, além de criador, é também criatura, pois sua existência se dá em um momento e em um lugar que o determinam e que são fatores impossíveis de serem abstraídos, já que a existência humana é concreta.

Assim, uma ação é sempre de alguém com motivações particulares e peculiares e se dá em momento e lugar específicos, sendo, portanto, determinada por tais fatores. Buscar respostas sobre quem são os sujeitos de determinada ação, quais foram as suas motivações, em quais condições tal ação se deu e quais foram os seus desdobramentos suscita a necessidade de instrumentos adequados para essa tarefa, que tem todos os ingredientes para se inserir no campo da história. Mas surge, então, um questionamento: pode o psicólogo adentrar áreas que estão fora da sua formação profissional? Existem razões para se fazer história da psicologia?

História da psicologia?

Há vários autores na psicologia motivados por esse tipo de questionamento, o que sugere que ele não é peculiar do nosso país, nem se restringe ao momento atual.

Um psicólogo que não tem formação em história tenderia a escrever sobre história da psicologia de maneira internalista, ou seja, narrando a progressão no tempo das ideias psicológicas, sem se preocupar com eventuais outros fatores que pudessem estar relacionados com os processos e conceitos enfocados.

Mas um historiador estaria muito mais propenso a examinar o pensamento psicológico no contexto dos desenvolvimentos contemporâneos em outras ciências e, de fato, no meio social, cultural e político em que as ideias psicológicas foram formuladas – uma orientação mais externa. (Wertheimer, 1998, p. 30-31)

A discussão sobre essas diferentes formas de fazer história vem sendo objeto de reflexão de diversos autores da história da psicologia (Campos, 1998; Hilgard; Leary; McGuirre, 1998; Sokal, 1998; Wertheimer, 1998; Woodward, 1998). Todos são unânimes na conclusão de que o recomendável é a superação dessa polaridade através da combinação de ambas as formas, quando a psicologia pode ser tratada como um campo específico, mas sem ignorar que seus conceitos e ideias acompanham o momento e o lugar em que são produzidos. Esse debate entre diversos historiadores da psicologia não é novo, o que mostra que a área vem amadurecendo seus procedimentos e se constituindo como um espaço para a atuação do psicólogo. Hilgard, Leary e McGuirre (1998) mencionam obras de história da psicologia de autores como Rand e Hall, datadas de 1912. Mesmo aquele que é considerado um dos principais textos de história da psicologia, de autoria de Boring, foi publicado em 1929. Ou seja, psicólogos escrevendo sobre a história da própria disciplina é uma atividade que pode ser considerada como sedimentada e tradicional, o que todavia não encerra o debate sobre a importância e as razões para se fazer história da psicologia

Antonio Gomes Penna (2003) tem um artigo diretamente voltado para esse foco. Antes dele, Michael Wertheimer (1998) já discutia razões para se estudar história da psicologia, citando outros autores que se dedicaram a esse tópico e que apresentaram variados argumentos favoráveis à pesquisa de história da psicologia. As obras citadas abrangem um período que vai de 1921, com Griffith, até 1980, data do artigo em questão. Nele, Wertheimer discute cerca de vinte diferentes motivos apresentados pelos diversos autores ao longo de seis décadas e os classifica em três categorias: motivos pouco animadores, justificativas mais convincentes e argumentos decisivos. Abordaremos alguns, omitindo aqueles considerados pouco animadores para justificar o estudo de história da psicologia.

Entre as justificativas mais convincentes, temos: saber o que já foi feito evita repetições desnecessárias, assim como ter familiaridade com os erros cometidos no passado reduz a possibilidade de repeti-los. Ter consciência da história da área pode proporcionar uma dose saudável de humildade, ajudar a descartar afirmações inadequadas e excessivas e favorecer a tolerância a diferentes pontos de vista.

Entre os argumentos considerados decisivos, alguns dizem que a história pode nos ajudar, pelo menos, a começar a nos libertarmos de nossas próprias limitações e cegueiras, deixando-nos menos sujeitos aos caprichos dos fatores contextuais externos (*Zeitgeist*). Wertheimer (1998) ressalta a frase de Watson, para quem "negligenciar a história não significa escapar de sua influência" (p. 38).

Os argumentos apresentados para justificar o estudo da história da psicologia encontram ressonância nas motivações que nos levaram a desenvolver o presente trabalho.

Novas perguntas

A partir do interesse apresentado no início desta introdução, novas perguntas foram surgindo para mim: qual é a história da psicologia analítica (PA) no Brasil? Existem estudos/pesquisas nessa área? Como se constituiu essa área em nosso país? Quem são os seus pioneiros? Como eles entraram em contato com a PA? Quais foram suas contribuições para a constituição e o desenvolvimento da PA no Brasil? Qual era o contexto em que tais contribuições se deram?

Para tentar respondê-las, deparamos com a necessidade de uma nova empreitada cuja meta pode ser assim resumida: estudo sobre a constituição da psicologia analítica no Brasil, buscando nomear seus pioneiros e mapear suas contribuições.

Ferreira define pioneiro como "o primeiro que abre ou descobre caminho através de região mal conhecida [...]. Diz-se da obra, serviço, iniciativa, ideia etc., que se antecipa ou abre caminho a outros iguais ou similares" (1988, p. 507). Pioneiro seria, no que se refere ao nosso estudo, a primeira pessoa que desenvolveu ações que resultaram na divulgação e disseminação dos conceitos da psicologia analítica no Brasil, sem que tivesse tomado contato com alguma iniciativa prévia, nesse sentido, em nosso país. Assim, mais de uma pessoa poderá ser considerada pioneira, desde que sua ação não decorra de algo que tenha precedência no campo que delimitamos para este trabalho.

Com o nosso projeto, o desejo inicial de comemoração de uma data estendeu-se de tal forma que foi impossível viabilizar o esperado afastamento das instituições da psicologia analítica, depois de um período de intenso envolvimento nessa área. Alguém poderia dizer que a vinculação não prevista com essa face da psicologia analítica seria o momento de diversão dos deuses, provando a veracidade do dito popular mencionado no início desta introdução Não podemos afirmar. No entanto, queremos retomar o artigo de Michael Wertheimer (1998), onde se lê:

> A melhor razão para lidar com [a história] talvez seja a simples curiosidade [...]. Todo mundo gosta de uma boa história. E a história da psicologia possui alguns homens e ideias bem interessantes... E pode ser, ela mesma, de grande interesse.

O autor reforça esse tipo de argumentação com Henle (*apud* Wertheimer, 1998, p. 30), para quem o estudo da história da psicologia

> [...] é algo fascinante [...]. É um prato sofisticado a ser degustado por seu próprio valor. É uma grande aventura, como a história de todos os empreendimentos intelectuais – talvez a maior de todas as aventuras, porque é a história [da própria humanidade].

Apesar de nossa recente entrada no campo da história da psicologia, podemos avaliar a citação acima sobre a satisfação que essa área proporciona ao seu pesquisador. Assim, se não temos condições de confirmar o dito mencionado sobre o suposto lazer dos deuses, podemos afirmar que, no mundo humano, existe a possibilidade de usufruirmos de nossa prática criadora.

1

Como fazer história da psicologia?

A procura de respostas para as nossas questões iniciais despertou a necessidade de buscar instrumentos adequados para essa tarefa, movimento que encontrou um ponto de apoio fundamental no Nehpsi. A partir das discussões com colegas e do contato com a literatura da área, deparamos com a discussão acerca das abordagens internalista e externalista, nas quais encontramos indicações para algumas das nossas preocupações que já estavam presentes no modo de olhar o mundo. As questões levantadas, como visto, diziam respeito às pessoas e ao contexto no qual se deram as suas ações. Ficou claro, assim, que a abordagem internalista não seria satisfatória para as preocupações surgidas. A nossa posição inicial estava de acordo com o encaminhamento dos historiadores da psicologia que apontaram a combinação das duas correntes como a mais apropriada para abordar esse campo de pesquisa, que vem se desenvolvendo de forma acentuada nas últimas décadas. Tal processo reflete o movimento da história, que, passando por diversas transformações, incorpora novas possibilidades e recursos para abordar seu objeto de estudo. Por isso, outras questões debatidas entre os historiadores devem ser trazidas para nossa reflexão, já que se referem a aspectos que estão presentes neste projeto de pesquisa.

É possível fazer história sobre acontecimentos tão recentes (50 anos) de uma área de conhecimento (a psicologia), em um universo limitado a uma disciplina (a psicologia analítica), em um espaço geográfico específico (o Brasil)?

Adeptos da história oral responderiam afirmativamente. Mais ainda, diriam que o recurso da história oral se encaixa perfeitamente nesses quesitos, na medida em que uma das suas especificidades

> [...] é o fato de a história oral apenas poder ser empregada em pesquisas sobre temas contemporâneos, ocorridos em um passado não muito remoto, isto é, que a memória dos seres humanos alcance, para que se possa entrevistar pessoas que dele participaram, seja como atores, seja como testemunhas. (Alberti, 1990, p. 4)

O universo delimitado que nossa pesquisa pretende abordar não seria incompatível com a história oral, pois ela está justamente "associada com a 'micro-história'" (Portelli, 2001, p. 27). Além disso, diante da escassa documentação existente sobre o nosso tema, a história oral poderia servir como uma importante fonte de material, já que "o que é falado numa entrevista de história oral, usualmente nunca foi contado dessa forma antes" (Portelli, 2001, p. 11), permitindo que diversas histórias contadas de maneira dispersa e esporádica possam adquirir um formato agrupado, sintético e linear, tendo em vista as intenções do entrevistador.

Os depoimentos orais foram bastante utilizados por nós, a exemplo do material coletado no "Encontro com os fundadores" (Motta, 2003b) da SBPA que permaneciam vinculados à instituição. Além dessa entrevista grupal, utilizamos entrevistas individuais para colher informações não disponíveis em outro lugar e que apenas poderiam ser encontradas com determinadas pessoas que foram atores ou testemunhas de episódios concernentes ao nosso objeto.

Temos, dessa forma, inúmeras indicações de que a história oral poderia ser uma abordagem adequada para esta pesquisa. É preciso, no entanto, observar algumas distinções sobre esse recurso, que "ora constitui *método* de investigação científica, ora *fonte* de pesquisa, ora ainda *técnica* de produção e tratamento de depoimentos gravados" (Alberti, 1990, p. 1). Assim, utilizar o depoimento oral para a coleta de dados não implica optar por essa abordagem enquanto método de investigação. Nosso interesse não está voltado para a análise do discurso, nem pretendemos dar voz a minorias que carecem de outras possibilidades de expressão de suas culturas. Além do material advindo dos depoimentos, dispomos de outras fontes, como textos, artigos, documentos impressos ou virtuais/digitais. Por isso, consideramos que "a história oral não pode ser suficiente para tudo", como diz Perrot (1998, p. 358), referindo-se aos limites da história oral, em entrevista a Denise Bernuzzi de Sant'Anna. Esta, logo adiante, fornece uma pista para o nosso objetivo, dizendo: "Se pudéssemos, seria interessante, então, fazer as duas coisas: recorrer aos arquivos, às fontes escritas e, também, às fontes orais" (Perrot, 1998, p. 359). O que poderia corresponder a tal indicação, de maneira a contemplar todos os aspectos abarcados pela história oral, sem se restringir às limitações dessa abordagem?

Iniciando pela ressalva feita à história oral em relação a esta pesquisa, vejamos o que têm a nos dizer alguns representantes da história do presente sobre as fontes utilizadas por essa modalidade de fazer história. Sem dúvida, a fonte oral está entre elas, sendo mesmo considerada por Frank "privilégio do historiador do presente" (1999, p. 107). Apesar disso, não deve ser sacralizada e tida como a única válida, como o fizeram alguns historiadores da história oral militante, ressalta esse autor (Frank, 1999, p. 109). A história do presente, "de fato, pode ser feita com testemunhas vivas e fontes proteiformes", diz Rioux (1999, p. 49), aliviando-nos assim do que seria uma restrição da história oral para este projeto, sem no entanto impedir o uso do rico e imprescindível material obtido através daquele recurso. Tal constatação nos impele a prosseguir na consideração da história do presente como uma alternativa que converge para a indicação feita pela entrevistadora de Perrot.

A história do presente se define pela temporalidade, referindo-se, no caso, "ao campo do 'muito contemporâneo', o do século XX amputado de seu primeiro terço" (Chauveaux; Tétart, 1999, p. 20) e tem seu desenvolvimento na França, marcado pelo surgimento do Institut d'Histoire du Temps Présent e do Institut d'Histoire Moderne et Contemporaine, em 1978. A constituição desse campo é considerada um fenômeno de geração, tendo como fator "o impacto dos acontecimentos deste último século sobre os homens e sobre sua vontade de 'reagir', isto é, de tentar explicar o presente" (Chauveaux; Tétart, 1999, p. 15). Para Rioux, essa reação estaria relacionada a um "desejo de identidade [do qual] nasce essa ambição de uma história atenta ao presente" (1999, p. 43), como forma de "lutar contra uma massificação de efemérides que mantém uma temerária amnésia nas nossas sociedades" (1999, p. 44).

A afirmação desse ramo da história só foi possível devido à "germinação de um pressuposto metodológico maior: a história não é somente o estudo do passado, ela também pode ser, com um menor recuo e métodos particulares, o estudo do presente" (Chauveaux; Tétart, 1999, p. 15). Tal pressuposto, aliado à constatação de que a afirmação da história do presente é um fenômeno de geração, como dito anteriormente, traz, no entanto, algumas considerações.

Pode o presente ser objeto da história? A presença física do historiador em seu tempo e em seu tema permite um distanciamento necessário para a investigação histórica?

De certa forma tais provocações estão na raiz da história do presente, por isso não devem ser negligenciadas. Ainda, na medida em que falam dos esteios dessa abordagem, tais questões devem ser consideradas aspectos de sua identidade. Assim, vimos que a história do presente pode ampliar algumas limitações que encontramos ao tomarmos a história oral como método de investigação para esta pesquisa. No entanto, parece que chegamos a um lugar semelhante. Parece-nos que tanto a história oral como a história do presente se definem por um determinado aspecto bastante característico, expresso em sua própria designação: a primeira pelo tipo de fonte; a segunda, em função de sua cronologia. São justamente tais aspectos que acabam por colocar suas respectivas limitações, ainda que a história do presente possa utilizar as fontes orais sem se restringir a elas, permitindo, dessa forma, um universo de maior abrangência para os nossos propósitos. Mesmo tendo clareza de que as possibilidades apresentadas até aqui não devem ser desprezadas, permanece uma insatisfação. Então perguntamos: não existiria alguma forma de se fazer história que evitasse um tipo de posição defensiva que precisa fazer parte do seu próprio método, não por opção afirmativa da abordagem, mas em função da fragilidade que a sua perspectiva traz em sua essência?

Para tentar responder a essa pergunta, gostaríamos de apresentar a abordagem social em história da psicologia, que se baseia no "pressuposto de que a compreensão histórica dessa área de conhecimento implica captá-la no bojo das relações que estabelece com o todo do qual faz parte, na dinâmica do movimento realizado no fluxo do tempo" (Antunes, 1998, p. 363). Essa abordagem está relacionada à concepção de que o homem atua no mundo, transformando a natureza e o seu meio em função de suas necessidades, a partir dos recursos que lhe são disponíveis. O homem é influenciado por seu tempo e lugar. É, portanto, um ser histórico. Essa condição tem caráter dinâmico e encontra-se em contínua transformação, característica da própria história, que

> [...] é vista como construção humana coletiva, pois o homem, seu sujeito primordial, é histórico na medida em que é social. Assim, compreender a história humana e, sobretudo, as ideias produzidas historicamente pelos homens, exige a busca de compreensão das relações sociais que permeiam, determinam e são determinadas por suas ações. (Antunes, 1998, p. 365)

Dessa forma, a abordagem social leva a pensar a psicologia como algo produzido por pessoas que existem em determinado tempo e espaço, que estabelecem relações e são por elas influenciadas de forma inerente àquela época e lugar. Por isso, refletir historicamente sobre essa disciplina implica levar em conta as pessoas envolvidas na sua produção, seus antecedentes e seu contexto. Tal preocupação se estende igualmente àquele que produz história, já que esse é um ato intencional e deve, portanto, ser considerado um ato histórico.

Percebe-se assim o historiador e seu objeto em meio a uma complexidade que deve ser levada em conta, pois essa abordagem não se restringe a um tipo de fonte ou a uma cronologia determinada, tal como a fonte oral ou o tempo presente, apesar de ambos poderem ser contemplados. Mais do que isso, preconiza uma perspectiva, não de limitação, como se concluiu sobre a história oral e sobre a história do presente. Diferente disso, a abordagem social propõe uma perspectiva ampliada sobre seu objeto – incluindo o historiador – de tal forma que se pode cair em um universo infinito, transformando qualquer projeto baseado nessa proposta como algo inexequível. Como garantir então alguma factibilidade a um projeto baseado na abordagem social? A possibilidade de ampliação, que nos levou a considerar a abordagem social para nossos propósitos, corre o risco de inviabilizar a sua efetivação. Da mesma forma que as outras abordagens analisadas possuem características limitadoras, essa última também tem suas restrições. Essa questão surge depois de avaliarmos que o método social permite contemplar algumas limitações encontradas nas propostas anteriores, além de nos oferecer uma outra possibilidade, que é a de inserir objeto e pesquisador em suas respectivas complexidades.

A ponderação sobre o perigo da ampliação desmesurada, que pode estar presente na abordagem social, poderia nos impulsionar a novas buscas, porém devemos ter em mente que vários componentes de nossa pesquisa podem ser atendidos com o que temos até aqui. Impõe-se portanto a necessidade de uma escolha para que possamos prosseguir. Tal escolha não deve ser feita sem ressalvas, pois, assim como a própria história é algo inacabado e em contínua transformação, a tentativa de refletirmos sobre a história da psicologia analítica no Brasil deve ser encarada da mesma forma. O produto de tal propósito pode ser compreendido como história e tomado como material histórico, fonte de renovadas reflexões sobre o tema. Na medida em que a abordagem social parece ser a que melhor condiz com o que buscamos neste trabalho, será ela a escolhida para servir como referencial de método de nossa investigação, tendo em vista a meta aqui apresentada, tomada como nosso parâmetro delimitador, para evitar os riscos existentes nessa opção.

2

Em busca dos pioneiros

O surgimento da psicologia analítica

A proposta deste trabalho é o estudo da história da psicologia analítica em nosso país. Essa disciplina, no entanto, tem origem em outro continente. Seus primeiros conceitos foram formulados no início do século passado pelo psiquiatra suíço Carl Gustav Jung (1875-1961), quando ainda trabalhava no hospital psiquiátrico de Burgholzli, ligado à Universidade de Zurique, sob a chefia de Eugen Bleuler.

A psiquiatria europeia no fim do século XIX atravessava uma fase de intensos investimentos, após o entusiasmo vivido por sua vertente organicista, a partir da descoberta da origem sifilítica de quadros demenciais. Os estudos que articulavam a doença mental com sua origem orgânica seguiam na perspectiva predominante das ciências naturais, baseada na observação e na classificação. O quadro nosográfico, proposto por Kraepelin em 1889[1], é um exemplo desse tipo de abordagem presente nos estudos da escola alemã, com a qual os médicos suíços mantinham estreito contato.

Alguns anos antes da publicação de seu manual de psiquiatria, Kraepelin trabalhou no laboratório de pesquisa psicológica, o *Psychologische Institut*, em Leipzig, coordenado por Wilhelm Wundt, considerado uma figura central no estabelecimento da psicologia experimental como disciplina autônoma e ciência independente. Sua psicologia foi influenciada por sua formação médica e por suas pesquisas iniciais no laboratório de fisiologia de Heildelberg, onde foi assistente de Helmholtz.

Wundt definiu a psicologia como a ciência da consciência, cujo objeto é a experiência imediata. A atenção e a associação foram alguns dos principais focos de seus estudos e são considerados, ao lado do trabalho de Kraepelin, importantes fatores de influência na produção científica de Burgholzli[2].

Na clínica psiquiátrica da Universidade de Zurique, Eugen Bleuler comandava as pesquisas sobre associacionismo, procurando explicar a vida psíquica pelas combinações e recombinações dos elementos mentais. Afirmava que toda existência do passado e do presente, com suas experiências e lutas, reflete-se na atividade associativa.

---

[1] Emil Kraepelin, psiquiatra e autor do *Lehrbuch der Psychiatrie* (*Manual de Psiquiatria*).
[2] Segundo Wertheimer (1976, p. 80-81), em 1874 Wilhelm Wundt obteve sua primeira posição docente regular como professor de filosofia e lógica indutiva em Zurique, o que pode ter contribuído para o intercâmbio com Burgholzli.

Através desses estudos, Bleuler chegou ao denominador comum dos quadros de demência precoce, como até então denominados por Kraepelin, que é a dissociação. Tal caracterização permitiu a Bleuler[3] formular o conceito de esquizofrenia, alterando a nosografia psiquiátrica utilizada até então.

Em dezembro de 1900, Jung assumiu o lugar de assistente na equipe chefiada por Bleuler. Participou intensamente das atividades clínicas e de pesquisa e em 1905 tornou-se professor de psiquiatria, assumindo pouco depois o cargo de médico-chefe na clínica de Burgholzli. Organizou um laboratório de psicologia experimental, onde realizou, entre outras, experiências sobre associações, usando o teste desenvolvido por Wundt.

Nessas pesquisas, Jung estava interessado em investigar as perturbações nas reações dos pacientes, relacionando-as a palavras que podiam ser vinculadas a conteúdos afetivos. Esses estudos levaram-no a formular o conceito de complexo e à demonstração objetiva da existência do inconsciente.

---

[3] Em 1911, Bleuler publicou *Dementia praecox oder Gruppe der Schizophrenien* (*A demência precoce ou o grupo das esquizofrenias*).

Os conceitos formulados por Jung tinham a herança da escola alemã hegemônica na época, através das influências de Kraepelin e Wundt. Porém seu direcionamento era bastante distinto. Jung criticava a postura de seus colegas, que se ocupavam com a catalogação de sintomas e diagnósticos e ignoravam o doente como ser humano individual. A questão que mais o interessava era: "o que se passa no espírito do doente mental?" (Jung, 1988, p. 108).

Além disso, um dos instrumentos desenvolvidos por Wundt para suas pesquisas sobre a consciência contribuiu, paradoxalmente, para Jung comprovar de maneira experimental a existência do inconsciente.

O panorama europeu no fim do século XIX pode ser descrito como rico, conturbado e criativo. As relações políticas, econômicas e sociais estavam passando por profundas transformações e a produção intelectual acompanhava esse movimento nas diferentes áreas da cultura e da ciência.

O intercâmbio entre suíços e alemães era intenso e um centro de excelência como Burgholzli mantinha-se aberto também a outras contribuições. Jung esteve em Paris durante o inverno de 1902-1903 "para estudar com Pierre Janet" (Hannah, 2003, p. 83) que, como Charcot, era um nome importante da escola francesa, de larga influência na psiquiatria europeia.

Durante esse período, as preocupações iniciais de Jung com seus pacientes encontraram eco nos escritos sobre histeria e sonhos de um neurologista de Viena. Tais estudos, entretanto, eram motivo de controvérsias, como relata o próprio Jung:

[Esse livro] revolucionava sua época [...] era a tentativa mais audaciosa jamais empreendida com vista a dominar os enigmas da psique inconsciente no terreno aparentemente sólido da empiria [...] Para nós, que na época éramos jovens psiquiatras, esse livro foi uma fonte de iluminações, ao passo que para nossos colegas mais idosos era objeto de escárnio. (Jung, 1988, p. 133)

O livro a que se refere é *A interpretação de sonhos*, publicado por Freud em 1900. Nesse mesmo ano Jung teve acesso ao texto pela primeira vez, mas, na ocasião, diz ele,

[...] pusera o livro de lado, pois ainda não o compreendia. Com vinte e cinco anos minha experiência era insuficiente para examinar as teorias de Freud; só mais tarde isso foi possível. Em 1903, retomei a Interpretação de sonhos e descobri a relação entre essa obra e minhas próprias ideias. (Jung, 1988, p. 133)

Jung aponta assim o marco do seu contato com a obra daquele que introduziu "a questão psicológica na psiquiatria" (Jung, 1988, p. 108).

A aproximação de Jung dos conceitos freudianos pode ser notada nas referências à obra de Freud presentes nas suas primeiras publicações, *Sobre a psicologia e a patologia dos assim chamados fenômenos ocultos* e *Estudos sobre associações para fins diagnósticos*, surgidas em 1902 e 1906, respectivamente. Essa última, enviada a Freud, deu início à correspondência entre ambos, como se pode ver na primeira carta de Freud:

11 de abril de 1906, XI. Berggasse 19
Caro colega,
Muito grato pelo envio de seus Estudos de diagnóstico de associação, que a impaciência já me levava a adquirir. Naturalmente seu último estudo, Psicanálise e experimentos de associação, foi o que mais me agradou, pois nele o senhor demonstra, com base em sua própria experiência, que tudo o que já pude dizer sobre os campos ainda inexplorados de nossa disciplina é verdade. Confio em que o senhor venha a estar, muitas vezes, em condição de me apoiar, mas aceitarei também, de bom grado, quaisquer retificações de sua parte.
Atenciosamente,
Dr. Freud (McGuirre, 1993, p. 41)

Sabemos, no entanto, que algumas das "retificações" propostas por Jung não seriam aceitas de bom grado. Porém, o ânimo receptivo da relação de ambos, como consta na carta inicial de Freud, só se alterou anos mais tarde. Até 1913 os dois pesquisadores mantiveram uma relação intensa e produtiva, apesar de as ressalvas de Jung à questão da sexualidade já terem sido feitas muito antes. Vejamos o prefácio de 1906 de *A psicologia da dementia praecox*: um ensaio:

> Fazer justiça a Freud não significa, como muitos temem, sujeitar-se incondicionalmente a um dogma; é bastante possível manter um julgamento independente. Se admito, por exemplo, os mecanismos complexos dos sonhos e da histeria, não significa, de forma alguma, que atribuo ao trauma sexual da juventude uma significação exclusiva, como Freud parece fazer; muito menos que eu coloque a sexualidade em primeiro plano, acima de tudo, ou lhe confira universalidade psicológica que, como parece, é postulada por Freud, pela impressão do papel poderoso que a sexualidade desempenha na psique. (Jung, 1986a, p. xiv)

O tema da sexualidade, fortemente reprimido pela religião e pela moral vigentes, não poderia ficar imune a tantos questionamentos nos séculos XVIII e XIX. Tal fato pode ser verificado em diversas publicações da época. Algumas serviram como fonte de pesquisa para Freud, fornecendo subsídios para suas reflexões sobre o tema, conforme se pode observar neste seu comentário: "A informação contida neste primeiro ensaio baseia-se nos conhecidos trabalhos de Krafft-Ebing, Moll, Moebius, Havelock Ellis, Shrenck-Notzing, Löwenfeld, Eulenburg, Bloch e Hirchfeld [...]" (Freud, 1972b, p.135).

Krafft-Ebing escreveu *Psychopathia sexualis*, em 1886. Já os textos de Havelock Ellis eram compilações de relatos sobre variedades do comportamento sexual. Além disso, alguns autores estudavam a manifestação sexual na infância, como o psiquiatra inglês Henry Maudsley, em 1867. Freud (1972b) cita ainda que "já faz muito tempo que Arthur Schopenhauer, o filósofo, mostrou à humanidade o quanto suas atividades são determinadas pelos impulsos sexuais [...]" (Freud, 1972a, p. 134).

A elaboração que Freud fez de todo esse material, acrescido de suas observações clínicas e pessoais, aparece em diversos de seus escritos iniciais. O mais completo é apresentado em 1905 nos *Três ensaios sobre a teoria da sexualidade*, considerado, ao lado de *A interpretação de sonhos*, sua contribuição mais importante e original para o conhecimento humano.

Apesar de a sexualidade compor a pauta de diversas pesquisas naquele início de século, Jung mantinha uma posição afirmativa e independente, relativizando a importância do tema. Em 1906, porém, seus conceitos sobre a questão sexual ainda estavam em formação, como se pode ver em outro trecho do prefácio de 1906: "Num caso em que a simbologia do complexo é tão ricamente elaborada, o complexo sexual não pode faltar" (Jung, 1986a, § 277).

Em 1908, a convite de C. G. Jung, realizou-se uma primeira reunião em Salzburg

> [...] de adeptos da psicanálise de Viena, Zurique e outros lugares. Um dos primeiros resultados desse primeiro congresso psicanalítico foi a fundação de um periódico intitulado *Jahrbuch für Psychoanalytische und Psychopathologische Forschungen* sob a direção de Bleuler e Freud e editado por Jung. (Freud, 1974a, p. 38)

Dois anos mais tarde, com a realização do segundo congresso em Nuremberg, foi fundada a Associação Psicanalítica Internacional – IPA. Freud diz que "já não era jovem; [viu] que havia uma longa estrada pela frente, e [o] oprimia a ideia de que o dever de ser um líder tivesse recaído [sobre ele] tão tarde na vida" (Freud,

1974a, p. 56)⁴. Freud achava que sua liderança no movimento psicanalítico deveria ser transferida para alguém mais jovem, que ocuparia o seu lugar após sua morte: "Esse homem só poderia ser C. G. Jung, uma vez que [...] tinha a seu favor dotes excepcionais, as contribuições que prestara à psicanálise, sua posição independente e a impressão de firme energia que sua personalidade transmitia" (Freud, 1974a, p. 65), justificando assim a escolha de Jung para ser o primeiro presidente da IPA.

Jung trabalhou com bastante envolvimento na produção e difusão da psicanálise até 1911. Naquele ano, suas divergências tornaram-se insustentáveis com a publicação de *Transformações e símbolos da libido*, cuja segunda parte foi publicada no ano seguinte⁵. Jung apresenta o conceito de libido como energia psíquica e marca o início de seu afastamento em relação à psicanálise⁶. Pouco depois, após o quarto congresso psicanalítico, realizado em Munique em

---

⁴ Em 1910 Freud tinha 54 anos.
⁵ Esses dois textos foram apresentados mais tarde, em 1952, como *Símbolos da transformação, análise dos prelúdios de uma esquizofrenia*.
⁶ Para maiores detalhes sobre essa discussão, ver Motta (2003a).

1913, Jung renunciou à presidência da Sociedade Internacional de Psicanálise, rompendo com Freud.

A partir daí Jung seguiu seu próprio caminho, desenvolvendo conceitos no que denominou psicologia complexa ou psicologia analítica. Diferentemente de Freud, o percurso profissional inicial de Jung se deu no contato com pacientes esquizofrênicos. Sua prática clínica foi fonte importante de subsídios para o desenvolvimento do conceito de libido:

> Na neurose o produto substitutivo é uma fantasia de procedência e alcance individual, faltando aqueles traços arcaicos característicos da esquizofrenia. Nas neuroses nunca ocorre uma verdadeira perda da realidade, mas apenas uma falsificação da realidade. Na esquizofrenia esta realmente se perde em grande parte [...]. Assim, pela perda da função do real na esquizofrenia, não ocorre um aumento da sexualidade, mas um mundo de fantasias que apresenta traços arcaicos nítidos. (Jung, 1986b, § 200)

Além de elementos de sua prática clínica, Jung foi buscar subsídios para suas formulações em outras áreas do conhecimento: "Desde Robert Mayer[7] o conceito de libido no campo da psicologia funcionalmente tem o mesmo significado que o conceito de energia no campo da física" (Jung, 1986b, § 189). Entretanto, mais tarde é que podemos encontrar maior consistência desse tipo de material nas suas objeções à maneira como Freud apresentava a questão sexual. No texto *A energia psíquica*, publicado em 1928, Jung apresenta duas maneiras de se considerar os fenômenos físicos: a mecanicista e a energética. O ponto de vista mecanicista compreende o fenômeno como efeito

---

[7] Físico citado por Jung.

resultante de uma causa e, segundo o texto, a psicanálise se afina com tal preceito. A consideração energética é essencialmente finalista e entende os fenômenos partindo do efeito para a causa. Jung delimitou o campo que pretendia investigar, buscando evitar a mera e simples transposição de conhecimentos de uma área da ciência para outra, com os inevitáveis riscos de generalizações simplistas:

> Propus que a energia vital, hipoteticamente admitida, fosse chamada de "libido", tendo em vista o emprego que tencionamos fazer dela em psicologia, diferenciando-a, assim, de um conceito de energia universal e conservando-lhe, por consequência, o direito de formar seus próprios conceitos. (Jung, 1984a, § 32)

Outro conceito importante da psicologia analítica coerente com a perspectiva finalista é o da individuação, que significa tornar-se um ser único, na medida em que por individualidade entendermos nossa singularidade mais íntima, última e incomparável. É diferente de individualismo, que significa dar ênfase deliberada a supostas peculiaridades, em oposição a considerações e obrigações coletivas. A individuação, no entanto, consiste precisamente na realização melhor e mais completa das qualidades coletivas do ser humano; o fator determinante de um melhor rendimento social é a consideração adequada e não o esquecimento das peculiaridades individuais. "A individuação, portanto, só pode significar um processo de desenvolvimento psicológico que faculte a realização das qualidades individuais dadas, [tendo] por meta a cooperação viva de todos os fatores" (Jung, 1981, § 267-268).

Segundo Jung, a individuação é regida pelo Self, o centro regulador da personalidade a partir do qual atuam os arquétipos. Esses consistem numa predisposição psíquica funcional para produzir ideias semelhantes, cuja expressão se dá a partir de elementos do indivíduo, imprimindo variações peculiares em temas similares que aparecem em locais diversos e em épocas por vezes distantes. Jung relata uma passagem significativa de sua vida profissional que contribuiu para a formulação desse conceito. Ele conta que, ainda nos tempos do Burgholzli, um paciente olhava pela janela e chamou-o, descrevendo-lhe o que via: o sol com um pênis que balançava de um lado para o outro, produzindo o vento (Jung, 1986b, § 151). Tal imagem corresponde a uma passagem da mitologia, como Jung compreendeu mais tarde ao entrar em contato com a liturgia mitraica.

Essas descobertas permitiram a Jung distinguir duas camadas do inconsciente. A camada pessoal contém lembranças perdidas, reprimidas, ou conteúdos que, por falta de intensidade, não ultrapassaram o limiar da consciência. A outra camada recebeu o nome de inconsciente coletivo, que é universal e cujos conteúdos, os arquétipos, podem ser encontrados em toda parte (Jung, 1981, § 103, 203-205).

Jung seguiu aprimorando e desenvolvendo esses e outros novos conceitos para a psicologia analítica[8]. Quando já havia conquistado lugar de renome na psiquiatria internacional, recebeu um material proveniente de um país distante. Como seus conceitos haviam chegado a um lugar do qual se tinha pouca notícia? O que se fazia em psiquiatria e psicologia em um país do continente sul-americano chamado Brasil?

---

[8] As *Obras completas de C. G. Jung* se compõem de dezoito volumes e foram publicadas em português pela Vozes.

Assistência psiquiátrica no Brasil: do Hospício D. Pedro II à Seção de Terapêutica Ocupacional em Engenho de Dentro

"As opiniões são unânimes em situar o marco institucional da assistência psiquiátrica brasileira em 1852" (Resende, 1990, p. 37). Nesse ano foi inaugurado, no Rio de Janeiro, pelo próprio imperador D. Pedro II, o hospício que recebeu seu nome. O Brasil vinha passando por transformações econômicas, políticas e sociais.

A crescente migração para as cidades trouxe vários problemas, entre eles os de saúde pública e segurança. A retirada dos desocupados, mendigos, prostitutas e loucos passou a ser vista como uma questão de saúde, um fenômeno similar ao ocorrido na Europa a partir do século XVII no quadro de urbanização, embora as origens de tal panorama fossem bastante distintas nos dois continentes.

A perspectiva inicial do Hospício D. Pedro II de atender às necessidades de todo o território brasileiro logo se mostrou inviável. A sua capacidade para 350 pacientes se esgotou pouco mais de um ano após sua inauguração. Para atender à crescente demanda, surgiram diversas instituições destinadas aos que não encontravam lugar na configuração urbana capitalista. De acordo com lista compilada por Tácito Medeiros (Resende, 1990, p. 48-49), a exemplo do Rio de Janeiro, seguiram-se construções de hospícios em São Paulo (Hospício Provisório de Alienados

– 1852), Pernambuco (Hospício da Visitação de Santa Isabel – 1864), Pará (Enfermaria do Hospital de Caridade – 1865), Bahia (Asilo São João de Deus – 1874), Rio Grande do Sul (Hospício São Pedro – 1884), Alagoas (Asilo Santa Leopoldina – 1891), Amazonas (Hospício Eduardo Ribeiro – 1894), Ceará (Asilo de Alienados São Vicente de Paula – 1886), Paraíba (Asilo do Hospital Santa Ana – 1893) e Minas Gerais (Hospital Colônia – 1903), de modo que, na virada do século XIX, a doença mental contava com aproximadamente vinte instituições, tendência que prosseguiu até tempos recentes na assistência psiquiátrica brasileira. A psiquiatria, no entanto, ainda não se firmara como um campo de atuação em nosso país.

O Brasil viveu, naquele fim de século, fatos importantes de sua história, entre os quais a abolição da escravatura (1888) e a proclamação da República (1889), que tiveram consequências importantes para o modelo assistencial da época.

Os hospícios existentes não conseguiam absorver a demanda de ex-escravos que ficaram em situação extremamente precária, já que sua "liberdade" não foi acompanhada de alternativas para sua inserção nas relações de trabalho pós-escravatura. Além disso, para substituir a mão de obra escrava, o país recebeu 1.300.000 imigrantes entre 1887 e 1897, sem no entanto propiciar condições adequadas para a adaptação de tão grande contingente de estrangeiros, parte do qual passou a engrossar as estatísticas dos hospícios brasileiros. Ao mesmo tempo em que se construíam novas instituições para abrigar alienados, a administração das existentes foi reformulada. O Hospício D. Pedro II passou a ser denominado Hospital Nacional dos Alienados. Sua administração, que estava sob os cuidados da Santa Casa de Misericórdia, foi encampada pelo governo republicano, marcando uma alteração na proposta assistencial: a caridade foi substituída pela higienização, com a afirmação da cultura médica no seu interior. Em 1903, Juliano Moreira assumiu a direção da Assistência a Alienados e a gestão do Hospital Nacional, seguindo a mesma tendência de São Paulo, onde, no Hospício do Juquery, Franco da Rocha empreendeu mudanças nas práticas asilares com base nos princípios científicos da psiquiatria europeia, mais especificamente os da escola alemã, buscando descrever, comparar e classificar os quadros a partir da teoria da degenerescência, referência da gênese organicista dos distúrbios mentais.

Entre as práticas empregadas por Franco da Rocha, havia as colônias agrícolas, nas quais o trabalho era usado como recurso de tratamento. Pinel já ressaltara o valor terapêutico dessa alternativa, em observações feitas em diferentes hospícios da Europa, quando criou o tratamento moral. Tais ideias ganharam maior ênfase no Brasil nas duas primeiras décadas do século XX, com o surgimento de diversas colônias agrícolas, algumas das quais em complemento aos hospitais tradicionais e outras exclusivas para esse tipo de abordagem. Nesse contexto surgiu, em 1910, no Rio de Janeiro, a Colônia de Engenho de Dentro. Em 1923 seu diretor, Gustavo Riedel, fundou a Liga Brasileira de Higiene Mental. O objetivo de Riedel era a melhoria da assistência ao doente mental. O laboratório de psicologia que criou na Colônia "contribuiu com uma das primeiras referências, no Brasil, da perspectiva psicoterápica, num momento em que tal campo de ação, quando existia, limitava-se à psiquiatria" (Antunes, 2001, p. 48).

A Colônia de Engenho de Dentro procurou acompanhar alguns desenvolvimentos da assistência à doença mental ocorridos após sua fundação. Criou um ambulatório, possivelmente em sintonia com a iniciativa de Ulisses Pernambucano, que, na década de 1930, preconizava uma assistência mais abrangente aos pacientes psiquiátricos. Tal iniciativa, no entanto, era exceção no panorama da psiquiatria nacional, cujo recurso usual era e continua sendo a reclusão. As novas terapias biológicas, como o coma insulínico e os métodos convulsivantes, surgidos na década de 1940 com o uso do cardiasol e da eletricidade, também chegaram a Engenho de Dentro. Ali aportaram, igualmente, algumas das propostas resultantes do aprimoramento do tratamento moral de Pinel. "Nos Estados Unidos, Adolph Meyer criou, a partir de 1900, o método que também denominou de tratamento moral. Na Alemanha, Herman Simon sistematizou a sua terapia ativa na obra de 1929, *Tratamento ocupacional dos enfermos mentais*" (Benetton, 1991, p. 21).

A terapia ocupacional foi introduzida em meados de 1940 em Engenho de Dentro e passaria por profundas transformações até produzir o material enviado à Suíça, em 1954, despertando o interesse de Jung pelo Brasil.

O encontro entre o movimento junguiano internacional e a assistência psiquiátrica brasileira pode ser considerado o marco inicial do desenvolvimento da psicologia analítica no Brasil. Dessa época, até os dias de hoje, temos uma caminhada de cinquenta anos.

Definindo os pioneiros

Sobre a história da psiquiatria e da psicologia no Brasil, há inúmeros trabalhos, entre os quais alguns dos usados como base para as considerações até aqui. Sobre a história da psicologia analítica em nosso país, no entanto, as referências conhecidas são menos frequentes.

Assim, seguiremos enfocando referências encontradas no material pesquisado sobre quem protagonizou esse marco inicial da PA em nosso país.

O livro *Imagens do inconsciente* (Silveira, 1982) apresenta o trabalho com imagens feitas por frequentadores do ateliê de pintura do setor de terapia ocupacional do Centro Psiquiátrico D. Pedro II. O capítulo inicial apresenta um breve relato sobre a transformação pela qual passou o ateliê, no início "apenas um setor de atividade entre vários outros setores da Terapêutica Ocupacional" (p. 13), até a fundação do Museu de Imagens do Inconsciente, em 1952. O livro segue discutindo conceitualmente as imagens produzidas pelos pacientes, relatando casos cujas pinturas, produzidas no ateliê, são usadas para se fazer paralelos com temas míticos. Esse recurso, que Jung denominava de amplificação, é uma base importante do trabalho terapêutico proposto por Nise da Silveira, por permitir a expressão de conteúdos de camadas primitivas da psique que estariam na esfera do inconsciente coletivo, outro conceito junguiano. Não podemos, todavia, considerar aquele capítulo, nem mesmo os seguintes, dedicados à história da PA no Brasil. Por não ser um livro de história, as menções ao assunto estão diluídas no seu conteúdo, do qual destaco duas passagens.

Na primeira, Silveira (1982) conta como ousou

[...] então escrever uma carta ao próprio C. G. Jung, enviando algumas fotografias de mandalas brasileiras. Minha carta teve a data de 12 de novembro de 1954 e a resposta, escrita pela secretária e colaboradora de Jung, sra. Aniela Jaffé, é de 15 de dezembro de 1954. (p. 51)

O texto prossegue com a reprodução dessa resposta, na qual Jung pede alguns dados sobre as imagens recebidas do Brasil, e remete para 1957, quando foi realizado o II Congresso Internacional de Psiquiatria em Zurique, durante o qual Nise da Silveira apresentou a exposição "A esquizofrenia em imagens", inaugurada por Jung na manhã de 2 de setembro.

O outro momento que destacamos em *Imagens do inconsciente* (1982) fala do período de estada de Nise em Zurique[9], quando

---

[9] Nise da Silveira esteve em Zurique de abril a setembro de 1957, estudando no Instituto C. G. Jung, com bolsa do CNPq.

teve "a feliz oportunidade de ser recebida por C. G. Jung, na sua residência de Küsnacht" (p. 98). Tal encontro ocorreu em 14 de junho de 1957, durante o qual Jung recomendou o estudo da mitologia para que Nise pudesse entender melhor os delírios de seus pacientes.

Uma vez que a publicação não pretende fazer história, devemos verificar como o restante do material pesquisado aborda os fatos descritos nos parágrafos anteriores.

O primeiro artigo que localizamos com uma intenção histórica é "Um pouco da história e do espírito da Sociedade Brasileira de Psicologia Analítica" (1983), que diz que "a grande responsável pela introdução das ideias de Jung no Brasil foi Nise da Silveira" (p. 4). Tal afirmação é corroborada por diversos autores, como Motta (1997), em capítulo destinado a situar historicamente um projeto de saúde mental, Kirsch (2000), que apresenta um histórico do movimento junguiano internacional vinculado à International Association for Analytical Psychology (IAAP), e P. A. Sant'Anna (2001), no único trabalho acadêmico encontrado, que traz material sobre a história da PA no Brasil, com um subitem cujo objetivo é "traçar um breve panorama dos desenvolvimentos mais significativos da psicologia analítica no Brasil" (p. 123). Temos, ainda, o livro *Nise da Silveira* (Melo, 2001), da coleção *Pioneiros da Psicologia no Brasil*, coeditado pelo Conselho Federal de Psicologia, que reafirma o dito pelos diversos autores citados. Diversos sítios na internet também estão em sintonia com o que apresentamos até aqui para validar aquele que consideramos o marco inicial da PA no Brasil, isto é, a correspondência de 1954 entre Nise e Jung. Como consequência dessa posição, poderemos nomear Nise da Silveira como uma pioneira da PA no Brasil?

O capítulo sobre a psicologia analítica na América Latina (Kirsch, 2000, p. 194-201) poderia gerar dúvidas quanto a isso, pois apresenta a história da PA no Brasil a partir do que o autor classifica como a "história institucional", categoria que não

63

contempla Nise da Silveira. Esta só aparece no tópico seguinte, classificado como "não institucional". O livro *The junguians, a comparative and historical perspective*[10], de Kirsch (2000), apresenta um histórico do movimento junguiano internacional vinculado à International Association for Analytical Psychology (IAAP), presidida pelo autor duas vezes. Apesar de seu viés internalista, Kirsch também relata a correspondência entre Jung e Silveira, reafirmando seu caráter pioneiro ao lembrar que foi ela quem escreveu o primeiro livro sobre Jung no Brasil, provavelmente referindo-se ao *Jung, vida e obra*, publicado por José Álvaro, editor em 1968.

O vídeo *Encontro com os fundadores*[11] (Motta, 2003b) vem igualmente afirmar o papel pioneiro de Nise. Fornece, porém, algumas informações que nos levam a olhar para outra região do Brasil, onde o pioneirismo de Nise ainda não chegara. Chama a atenção a referência ao panorama da psiquiatria no início dos anos 1960 nas universidades paulistas. As cátedras da Faculdade de Medicina da USP e da Escola Paulista de Medicina eram ocupadas pelo dr. Pacheco e Silva, determinando a hegemonia do enfoque organicista. Esse quadro só se alterou alguns anos mais tarde[12], quando o prof. Darcy Uchoa, ex-presidente da Sociedade Brasileira de Psicanálise de São Paulo, assumiu a cadeira de psiquiatria da Escola Paulista de Medicina.

> Ele [prof. Uchoa] vai introduzir toda a perspectiva psicodinâmica com ênfase nas ideias da Psicanálise [...] e ele traz um grupo de assistentes [que] começaram a se fazer presentes desde o segundo

---

[10] "Junguianos, uma perspectiva comparativa e histórica", ainda não traduzido para o português.
[11] O depoimento grupal que deu origem ao vídeo foi concedido pelos membros participantes da fundação da SBPA e que permanecem ligados à instituição: Carlos Amadeu Botelho Byington, Carlos Roberto Martins Lacaz, Iraci Galiás, José James de Castro Barros, Mery Rosemblit e Nairo de Souza Vargas.
[12] Uma fala no vídeo refere-se a 1965 como o ano da chegada de Darcy Uchoa à Faculdade Paulista de Medicina. Já Montagna (1994, p. 34) situa esse fato em 1964.

ano, ao propor discussões de caso e a introduzir questões sobre a relação médico/paciente, coisas que eram completamente fora do modelo médico. (Motta, 2003b)

É o que diz um participante do *Encontro com os fundadores*. Apesar da possibilidade de arejamento proporcionada pela chegada da psicanálise em uma cátedra de psiquiatria, alguns estudantes dessa especialidade buscaram outros elementos para embasar teoricamente sua prática clínica. Encontramos nos depoimentos do vídeo referência a três pessoas que contribuíram para o estudo dos conceitos junguianos. Havia na época apenas dois livros de Jung recém-traduzidos para o português[13], sendo que apenas um deles, *Tipos psicológicos*, era de conhecimento desse grupo. As pessoas citadas são Ângelo Gaiarsa e dois estrangeiros que viviam em São Paulo: Pethö Sándor e Léon Bonaventure. Eles poderiam, ao lado de Nise da Silveira, ser considerados pioneiros da PA no Brasil? Vejamos o que diz o material levantado até aqui a respeito desses personagens.

Gaiarsa, citado por um dos participantes do vídeo, é um psiquiatra estudioso de diversos teóricos, entre eles Jung, que não pode ser considerado sua principal referência teórica. Alguns de seus livros[14] são criativos, refletindo a diversidade de sua formação teórica, mas também explicitando sua preferência por Wilhelm Reich, no qual baseou boa parte de seu trabalho clínico na época, como a atividade denominada "Grupo sem palavras". Outros depoimentos informais mencionam esse psiquiatra como alguém que contribuiu para a disseminação dos conceitos junguianos, informação que não se confirma em nenhuma das demais fontes

---

[13] *Psicologia e religião*, de 1965, e *Tipos psicológicos*, de 1966, ambos da Zahar Editores, traduzidos por Fausto Guimarães e Álvaro Cabral, respectivamente.
[14] Alguns livros do autor: *O espelho mágico* (1976), *Tratado geral sobre a fofoca* (1978) e *Futebol 2001* (1979).

consultadas. Sem desmerecer sua sólida formação geral e sua contribuição específica para alguns junguianos atuais, as informações parecem não permitir considerá-lo pioneiro da PA no Brasil.

O dr. Pethö Sándor, médico ginecologista húngaro, diferentemente de Gaiarsa, tem seu trabalho claramente embasado na psicologia de Jung. O editorial da *Junguiana* (Sociedade Brasileira de Psicologia Analítica, 1983) situa a PUC-SP como o lugar onde a psicologia analítica vinha-se desenvolvendo durante os anos 1960. Apesar de o artigo não fazer menção ao médico húngaro, ex-alunas das primeiras turmas de psicologia da PUC-SP afirmam que a presença de Sándor nessa universidade foi decisiva para a divulgação dos conceitos junguianos. Algumas dessas alunas participaram dos diversos grupos de estudo formados em torno de Sándor, que fez traduções particulares e coordenou discussões sobre as *Obras completas* de Jung, não traduzidas para o português na ocasião, informação também confirmada por Kirsch (2000, p. 197). Sándor desenvolveu sua "terapia de toques sutis", uma espécie de tratamento psicossomático e, apesar de não ser aceito pelos "junguianos teóricos"[15], continuou seu trabalho de forma independente, em seu caminho individual próprio. Kirsch não explicita quem seriam os "junguianos teóricos", mas, dada a característica dessa publicação, é provável que sejam aqueles participantes do que o autor classifica como a "história institucional da psicologia analítica no Brasil". O chamado "caminho individual próprio" de Sándor talvez não devesse ser qualificado dessa forma, pois outras fontes apontam para a constituição de um grupo significativo em torno desse personagem.

Sant'Anna (2001), assim como Kirsch, faz algumas ressalvas ao método de Sándor conhecido como calatonia o qual, no entanto, "encontra bastante aceitação entre os psicoterapeutas junguianos

---

[15] No original: *"theoretical Junguians"*.

de São Paulo, bem como fundamenta o curso de especialização em psicologia analítica oferecido pelo Instituto Sedes Sapientiae" (p. 128). Um desses cursos, chamado "Psicoterapia de orientação junguiana coligada a técnicas corporais", vem publicando anualmente, desde 2001, a revista *Jung e Corpo*. Seu primeiro número contém um artigo de Bittencourt (2001), ex-aluna de Sándor da PUC-SP, que faz um breve histórico da constituição desse curso. Relata a passagem de Sándor pela PUC, seguida de sua ida para o Sedes em 1981, dando início ao que tornaria esse instituto importante referência do pensamento junguiano no Brasil.

O percurso de Sándor, iniciado em 1949, quando de sua chegada ao país, apresenta algumas passagens que o definem como alguém que plantou os conceitos junguianos na PUC-SP, onde, mesmo após sua saída, existe menção à sua contribuição para esse que ainda é um dos principais centros de psicologia junguiana, seja no núcleo de linha de pesquisa em psicologia junguiana do programa de psicologia clínica, seja na graduação. Além disso, o curso de especialização e a revista anteriormente mencionada têm vínculo de origem com o médico húngaro. Essas credenciais permitem, sem dúvida, considerá-lo mais um pioneiro da PA no Brasil.

Outro possível pioneiro seria o psicólogo belga Léon Bonaventure, que, segundo o editorial da *Junguiana* (Sociedade Brasileira de Psicologia Analítica, 1983), havia feito análise junguiana na Europa, tendo-se radicado no Brasil em 1968. O editorial informa também que, "em fins de 1970[16], médicos psiquiatras formados pela Escola Paulista de Medicina [...] procuraram Léon Bonaventure, com quem passaram a se analisar" (p. 4-5). Esse grupo, ao qual se incorporaram outros analisandos de Léon, reunia-se para estudar a obra de Jung. Pouco mais tarde,

---

[16] É possível que exista um equívoco nessa data, já que adiante o mesmo artigo relata fatos anteriores a esse período que tiveram a presença do dr. Bonaventure. Assim, a data correta seria em fins de 1960.

a convite de Bonaventure, seu grupo de analisandos recebeu a visita de analistas estrangeiros, entre eles "o próprio presidente da Sociedade Internacional de Psicologia Analítica, Adolph Guggenbhul-Graig, de Zurique, que pronunciaram palestras e coordenaram seminários e supervisões" (p. 6). Um resultado dessas visitas foi a sugestão de que o grupo brasileiro fundasse uma associação, o que foi aprovado no VII Congresso Internacional de Psicologia Analítica, realizado em Roma em 1977. Léon Bonaventure, no entanto, não está entre os fundadores da instituição brasileira, o que pode parecer contraditório com a afirmação de Kirsch (2000), para quem Bonaventure seria a primeira pessoa a praticar análise junguiana no Brasil. Kirsch faz tal menção ao iniciar o que ele considera a "história institucional" da psicologia analítica na América Latina. Temos, todavia, uma pista sobre o que Kirsh denomina "institucional". Essa categoria refere-se ao movimento junguiano ligado diretamente à IAAP, já que o autor diz que Bonaventure havia feito análise e treinamento em Zurique antes de sua chegada ao Brasil, embora, nessa ocasião, não tivesse ainda concluído sua formação.

Outro ponto que o livro de Kirsch esclarece é sobre a possível contradição referida há pouco. O autor relata que, apesar de responsável pela formação do grupo que fundou a SBPA, Bonaventure não figura como um de seus fundadores em razão de divergências com outro personagem citado nessa "história institucional", Carlos Byington, brasileiro também formado em Zurique. Byington atuava no Rio de Janeiro e veio a conhecer o grupo de São Paulo, ligado a Léon, por ocasião do centenário do nascimento de Jung, quando houve eventos no Rio e em São Paulo. A partir daí, Byington passou a vir para a capital paulista coordenar seminários teóricos para os analisandos de Léon, conforme consta na *Junguiana* (1983). Esse dado não está de acordo com a visão de Kirsch (2000), para quem Byington e Léon teriam grupos diferentes, sendo que o de Byington é que teria prevalecido na disputa para a institucionalização do primeiro grupo brasileiro ligado à IAAP.

Sant'Anna (2001) também se refere a esses dois personagens, porém, para ele, o grupo fundador da SBPA teve origem mesclada, sendo composto por médicos e psiquiatras que se analisavam com Léon, além de Carlos Byington e outros membros da Casa das Palmeiras, uma instituição do Rio de Janeiro fundada por Nise da Silveira.

Assim, temos versões semelhantes com algumas dissonâncias nessas referências aos dois personagens que acabamos de abordar. Mesmo assim, será que poderíamos incluí-los na categoria de pioneiros? Sabemos que Léon chegou a São Paulo quando Sándor já disseminava o pensamento junguiano nessa cidade, o que poderia invalidar sua condição de pioneiro. Porém, Bonaventure inseriu-se em um campo totalmente distinto daquele em que Sándor atuava, criando inclusive o grupo fundador da primeira instituição junguiana filiada a Zurique, com a finalidade de formar analistas a partir daquele referencial. Coordenou, ainda, a tradução para o português das *Obras completas* de Jung, publicadas pela Vozes. Apesar de os dois psicólogos estrangeiros atuarem na mesma cidade, o percurso de cada um foi bastante distinto e independente. Assim, consideramos que as características da contribuição de Léon Bonaventure permitem nomeá-lo como o terceiro pioneiro dessa disciplina em nosso país.

Também o nome de Byington poderia ser considerado na categoria pioneiro, mesmo que ele tenha atuado no Rio de Janeiro, onde Nise da Silveira já desbravara o campo para as ideias de Jung. Afinal, sua liderança na fundação da SBPA, o papel de coordenador dos seminários teóricos de um grupo paulista formado por alguns analisandos de Bonaventure e sua condição de analista formado em Zurique não podem deixar de ser devidamente valorizados para a história da PA no Brasil. Um dado, porém, não permite situá-lo como pioneiro, considerando que se encaixariam nessa categoria, segundo nossa conceituação, as primeiras pessoas que desenvolveram ações que resultaram na divulgação e disseminação dos conceitos da psicologia analítica no Brasil, sem que tivessem tomado contato com alguma iniciativa prévia, nesse sentido, em nosso país. Carlos Byington "terminava uma análise com o dr. Ewald Soares Mourão, quando foi por ele convidado para fazer parte do grupo de estudos da dra. Nise da Silveira" (Sociedade Brasileira da Psicologia Analítica, 1983, p. 5). No ano seguinte, em 1960, Byington foi para a Suíça fazer sua formação, onde permaneceu até 1965. Ou seja, apesar de sua importante contribuição, o fato de ter participado previamente de atividades de estudo de psicologia analítica já estabelecidas em nosso país não permite classificá-lo como pioneiro.

O material histórico disponível sobre aqueles que poderiam ser considerados pioneiros permitiu, pois, que selecionássemos três personagens: Nise da Silveira, Pethö Sándor e Léon Bonaventure, sobre os quais iremos conhecer um pouco mais no próximo capítulo.

3

Os pioneiros da PA no Brasil

Nise da Silveira

(1905-1999)

"Nise da Silveira é um arquétipo", disse uma colega, para se referir ao quanto a imagem de Nise está sedimentada como uma referência da psicologia analítica em nosso país. Nise, no entanto, comentava que seu trabalho não recebeu o devido reconhecimento dos psiquiatras brasileiros, citando, por exemplo, o baixo número de colegas de profissão que visitou o Museu de Imagens do Inconsciente. Ali estão reunidas milhares de obras feitas pelos frequentadores do ateliê de pintura da Seção de

Terapia Ocupacional e Reabilitação (STOR), do Centro Psiquiátrico Pedro II, em Engenho de Dentro, atualmente denominado Instituto Nise da Silveira.

De fato, o trabalho de Nise destaca-se pelo questionamento ao modelo da psiquiatria organicista, um confronto que ela teve de viver em condições bastante desfavoráveis para uma médica psiquiatra formada em 1926. Naquela época, a polarização entre psique e matéria estava muito mais acirrada, as tentativas de atribuir alguma significação de valor ao "bizarrismo" dos doentes mentais eram consideradas, por muitos, algo insano. Apesar da pouca aceitação que Nise relata ter tido entre seus colegas psiquiatras, ela não estava sozinha em sua caminhada. Seu principal aliado na psiquiatria, no entanto, só apareceria de forma consistente a seu lado quase trinta anos depois de seus primeiros contatos com pacientes psiquiátricos no antigo Hospício Pedro II, na Praia Vermelha. Foi para lá que se mudou, em 1933, a fim de se preparar para um concurso de psiquiatria do Serviço de Assistência a Psicopatas e Profilaxia. Quase vinte anos mais tarde, Nise se correspondeu com o psiquiatra suíço Carl Gustav Jung, no intuito de elucidar o conteúdo de pinturas feitas por doentes internos no então Centro Psiquiátrico D. Pedro II em Engenho de Dentro. Posteriormente, declarou que o encontro com a psicologia junguiana foi "o mais importante acontecimento ocorrido nas minhas buscas de curiosa dos dinamismos da psique" (Silveira, 1982, p. 11).

Tentar esclarecer o que motivou esse encontro e que elementos contribuíram e interferiram para que, por meio dele, a psicologia junguiana se fizesse presente de maneira mais consistente no Brasil através do trabalho desenvolvido por Nise da Silveira é o que pretendemos a seguir. Para tanto, tentaremos conhecer não só a Nise psiquiatra, mas também o percurso que a levou a afirmar que Jung chegou ao Brasil por intermédio das pinturas dos doentes (Passetti, 1992).

De Maceió ao Rio de Janeiro

Cláudio Manuel da Costa (1729-1789), um dos principais poetas brasileiros do período colonial, envolveu-se na Inconfidência Mineira e foi encontrado morto, por suicídio ou assassinato, dependendo da versão do fato. Sua musa, Nise, foi homenageada no início do século XX por Faustino Magalhães da Silveira e Maria Lydia, que assim chamaram sua primeira e única filha, nascida na rua Boa Vista, em Maceió, no dia 15 de fevereiro de 1905 (Calaça, 2001; Sant'Anna, 2001).

O casal Magalhães da Silveira participava ativamente da vida cultural de Maceió, tendo o costume de receber "artistas e intelectuais em concorridos saraus", nos quais Maria Lydia, "exímia pianista, executava composições musicais" (Sant'Anna, 2001 p. 209). Nise não herdaria o dom musical da mãe, apesar do desejo dos pais de formá-la pianista. "Eu era desafinadíssima", reconhece (Gullar, 1996, p. 34).

Faustino era professor de matemática e jornalista. Trabalhava no periódico do irmão, o *Jornal de Alagoas*, que fazia oposição ao governo de Euclides Malta, razão de seu envolvimento em conflitos políticos, que o obrigou a andar armado por certo período. Nise gostava de visitar o jornal com o pai, "especialmente ir à oficina ver o pessoal trabalhando, compondo os textos na mão, com aqueles tipos móveis de antigamente. Ficava fascinada com a habilidade deles" (Gullar, 1996, p. 32). O trabalho manual já chamava a atenção de quem iria se voltar para a terapêutica ocupacional.

Nise acompanhava o pai também em colégios onde ele lecionava e dos quais alguns dos melhores alunos eram convidados a estudar na casa do professor. A convivência com esses alunos que frequentavam sua casa e iriam prestar exames para a Faculdade de Medicina da Bahia é que parece ter influenciado sua opção para a medicina. Sabe-se que vocação para tal atividade Nise não tinha.

Ela dizia que "quando vejo sangue, fico tonta" (Gullar, 1996, p. 35). Pode-se conjeturar que entre esses rapazes estaria seu primo Mário Magalhães, que convivia com Nise desde a infância e o qual se tornaria um importante médico sanitarista, com quem Nise se casaria anos mais tarde.

O gosto pela leitura foi estimulado desde cedo, seja na biblioteca do pai, seja nas livrarias, onde Nise tinha conta para suprir suas constantes aquisições. Ela apreciava a literatura brasileira, em particular Machado de Assis, de quem encontramos referências em seus escritos posteriores. Adolescente, já lia filosofia e se interessava pela cultura francesa, dada sua formação escolar no Colégio do Santíssimo Sacramento, dirigido por freiras francesas. Ao terminar o colégio, Nise fez o curso preparatório no Liceu Alagoano.

No fim 1920, Nise foi para Salvador fazer os exames para a faculdade e, com outros colegas alagoanos, foi aprovada. Nesse início de 1921, porém, ainda não havia completado dezesseis anos, idade mínima para ingressar na faculdade. "Mas em Maceió tudo se arruma. E assim deram lá um jeito e eu entrei para a faculdade com quinze anos, como se tivesse dezesseis" (Gullar, 1996, p. 35).

Apesar das poucas informações disponíveis sobre esse período da vida de Nise, vários indícios marcam sua trajetória futura: a condição de oposicionista à política dominante presente na escolha de seu nome e na atividade jornalística do pai, a proximidade com o ambiente artístico e cultural na casa dos pais, o afeto como critério de direcionamento e escolhas, evidente na opção pela carreira médica, e a atenção ao trabalho manual, aparecendo no fascínio pela manipulação dos tipos na gráfica do jornal onde o pai trabalhava.

O início do curso médico reservava à estudante alagoana duas peculiaridades: além de ser a caçula do curso, era a única mulher em uma turma de 157 alunos. A situação era por si só desafiadora, mas seu austero professor de parasitologia resolveu testar sua aluna. Nos primeiros dias de aula, entrou no grande salão lotado por estudantes recém-admitidos na faculdade e ofereceu à única jovem presente uma serpente para que ela a segurasse. Sentindo a pressão dos olhares que se dirigiam para sua pessoa, Nise respirou fundo e aceitou o desafio. Recolheu a oferta do professor, para em seguida repassá-la ao colega que estava a seu lado (Bezerra, 1995, p. 136-137).

Nem todos os seus professores tiveram essa atitude provocadora. Um dos que mantinham uma conduta mais condizente com a função pedagógica era o professor Prado Valadares, que acompanhou a turma de Nise da Silveira nos três últimos anos de faculdade. A presença do professor nas visitas de atendimento aos internos do setor de clínica médica do Hospital Santa Isabel permitiu a seus alunos uma aproximação aos pacientes que não ficava restrita à fragmentação em peças ou órgãos. Melo considera que essa vivência possibilitou a Nise uma visão mais integrada do ser humano, já que Valladares "não era um cartesiano, posição filosófica que cada vez mais domina a medicina contemporânea" (Silveira, 1992, *apud* Melo, 2001, p. 135).

Outro fator que pode ser atribuído aos tempos de faculdade e o qual norteia o trabalho de conclusão do curso médico de Nise é a perspectiva social na medicina. Seu *Ensaio sobre a criminalidade da mulher no Brasil* "gira em torno da preponderância de fatores intrínsecos ao indivíduo ou de fatores sociais na determinação de um crime" (Silveira, 1992, *apud* Melo, 2001, p. 135). Entre os fatores sociais considerados mais relevantes estão os econômicos e os educacionais:

> Em meio a essas teorizações, Nise da Silveira cria dois argumentos: o de que existe uma mistura de criminosos com doentes mentais; a ideia de que a medicina deve contribuir no sentido de que se tomem medidas no campo social. (Silveira, 1992, *apud* Melo, 2001, p. 136)

As medidas propostas no trabalho da doutora recém-formada refletiam, de um lado, as ideias da eugenia sobre a degeneração das raças e, de outro, as concepções higienistas da época[1].

Um fator que teria levado Nise para longe da clínica médica foi sua aversão a sangue. Também pode ter contribuído para isso a opção de seu primo Mário, que se formou na mesma turma de 1926 e se encaminhou para a saúde pública, vindo a se tornar um respeitado sanitarista. Consta que, durante o curso de medicina, Nise já vivia com seu futuro marido, união que não tinha a aprovação da família, "pelo fato de serem primos e de não terem se casado" (Melo, 2001, p. 144).

Não há menção à presença de Jung entre as leituras de Nise nessa época da faculdade. No entanto, um conterrâneo e contemporâneo seu de faculdade foi Arthur Ramos (1903-1949), também aluno do professor Faustino Magalhães no Colégio São João, em Maceió. Ramos obteve seu doutorado com a tese "Primitivo e loucura", publicada em 1926 pela Imprensa Oficial do Estado da Bahia, em que "reflete um belo conhecimento da obra de Freud e Jung" (Penna, 1992, p. 24). Dada a proximidade anterior entre esses dois alagoanos, é possível especular sobre um contato de Nise com as ideias junguianas já durante a faculdade, embora isso não transpareça em seu trabalho de conclusão de curso.

O doutoramento de Nise era uma grande aspiração de seu pai, que esteve em Salvador para assistir à defesa da tese de sua filha. Voltaram a seguir para Maceió, quando Faustino poderia prosseguir rumo a outra grande aspiração sua. Ele era um sonhador, diz Nise, "nunca pensou em comprar uma casa para a família. E quando minha mãe falava nisso, ele dizia: 'Não, quando a Nise se formar a gente vai morar em Paris'" (Gullar, 1996, p. 35). Esse

---

[1] Como vimos, Gustavo Riedel, diretor da Colônia de Engenho de Dentro, fundou a Liga Brasileira de Higiene Mental em 1923, cuja meta era "a melhoria da assistência ao doente mental" (Antunes, 2001, p. 50).

projeto não foi realizado, pois em 10 de fevereiro de 1927 Faustino faleceu, aos 44 anos de idade.

Fazia um mês que Nise voltara para sua terra natal e, de repente, viu-se em uma situação inesperada: "Acabaram-se as mordomias. Minha mãe foi morar com o pai dela e a irmã mais moça [...]. E adoidadamente vendeu-se tudo de casa. Imagine que tínhamos dois pianos de cauda. Vendeu-se tudo, joias de minha mãe, tudo" (Gullar, 1996, p. 36). A jovem alagoana não aceitou aquela condição e decidiu: "Eu não fico aqui [...] aí eu tomei um navio e me toquei para o Rio de Janeiro [...]. É aí que começa a segunda etapa de minha vida" (Gullar, 1996, p. 36).

No Rio de Janeiro, Nise foi morar em uma pensão no Catete, onde ficou por pouco tempo. O dinheiro que trouxera ia se consumindo e o que se oferecia de trabalho era em casas de saúde, pelas quais a médica que não podia ver sangue não se interessava. "Antes que o dinheiro acabasse, busquei no jornal um lugar mais barato para morar. Encontrei um em Santa Tereza, no Curvelo", conta Nise sobre sua chegada onde iria fazer novas e importantes amizades (Gullar, 1996, p. 36).

No novo endereço, uma rua em que também habitava Manuel Bandeira, Nise procurou seu conterrâneo, Otávio Brandão, um importante membro do Partido Comunista Brasileiro. Sua esposa, Laura, recebeu a nova vizinha "na pequena sala que servia de quarto para as três meninas, filhas do casal" (Bezerra, 1995, p. 138).

Segundo Bezerra (1995), Laura Brandão foi marcante na vida de Nise. Convidava-a para almoçar com frequência em sua casa dominada pela alegria, apesar da simplicidade, dos poucos recursos financeiros do casal e das prisões constantes de Otávio, pois seu partido foi colocado na ilegalidade em agosto de 1927. Sobre sua relação com Otávio Brandão, Nise conta que ambos discutiam "sobre o Cristo, Nietzsche, sobre Tolstói... Em 1930, houve a revolução de Getúlio[2] e os comunistas, inclusive Brandão, foram presos e depois tiveram que ir embora para a Alemanha e depois para a União Soviética" (Gullar, 1996, p. 37).

Apesar de sua ligação com o líder comunista, sua aproximação com a esquerda se deu por intermédio de um amigo cearense, Hyder Correa Lima. Na época havia dois grupos entre os estudantes: os católicos, liderados por Tristão de Athaíde, e os de esquerda, ligados a Castro Rebelo, professor da Faculdade de Direito. Certa noite, por insistência de Correa Lima, Nise foi assistir a uma palestra desse professor sobre direito marítimo. Em depoimento a Gullar (1996, p. 41), ela descreve Castro Rebelo como alguém muito convincente em sua argumentação, de tal forma que se tornou uma defensora do direito marítimo. Seu movimento em direção à esquerda foi reforçado quando soube que um

---

[2] A Revolução de 30 marca a tomada do poder por Getúlio Vargas, com a suspensão da Constituição e a proclamação, pelo chefe militar do golpe, de um governo provisório. Marca também o refluxo da oligarquia cafeeira, que dominava, na Primeira República, a política do "café com leite", assim chamada em virtude do acordo pela alternância de poder entre paulistas e mineiros.

conhecido, Santa Rosa, pintor e chargista de *O Jornal*, havia sido demitido por pressão de Tristão de Athaíde.

Nesse período começou a ler Marx e frequentou algumas reuniões do Partido Comunista Brasileiro, ao qual se filiou, permanecendo por pouco tempo nessa agremiação. Fora dela, Nise participou, como médica voluntária, da União Feminina do Brasil (UFB), um grupo "em defesa dos interesses da mulher no Brasil, especialmente daquelas que estão submetidas às mais precárias condições de existência e trabalho", conforme panfleto da UFB (Melo, 2001, p. 139).

Nessa época, Nise já trabalhava com o professor Antônio Austragésilo, catedrático de neurologia, cuja clínica era frequentada por estudantes interessados no aprendizado prático que, assim como Nise, não eram remunerados. A jovem médica estagiária já tivera seu interesse pela psiquiatria despertado e conta que lia "pelo prazer de conhecer o assunto e até ganhei algum dinheiro fazendo teses para psiquiatras, a fim de conseguirem ingressar na carreira [...] Uma imoralidade horrível" (Gullar, 1996, p. 38). A possibilidade de se sustentar financeiramente com sua profissão viria em 1933, graças ao incentivo do professor Austragésilo, que inscreveu Nise em um concurso para psiquiatra, na antiga Assistência a Psicopatas e Profilaxia. Devido à proximidade das provas, Nise mudou-se da rua do Curvelo para o Hospício Pedro II, na Praia Vermelha, a fim de se preparar para os exames e lá ficou lotada como médica psiquiatra após a aprovação no concurso.

Em 1935, Nise ouviu o barulho de tiros. Era a Intentona Comunista, o movimento liderado por Luís Carlos Prestes em reação à Lei de Segurança Nacional aprovada pelo Congresso em 4 de abril daquele ano[3]. Seguiu-se um período intenso de prisões,

---

[3] Vencidos os paulistas na Revolução de 32, que queria a volta da legalidade ao país, Vargas decidiu convocar uma Assembleia Nacional Constituinte. Formada em

que culminou com a detenção de Prestes e sua companheira Olga, em uma casa no bairro do Méier, no Rio de Janeiro. Era início de março de 1936. Nise foi chamada pelo diretor do hospital, doutor Valdomiro Pires. "Veio imediatamente atendê-lo. Não imaginava encontrar ao lado do diretor a polícia de Getúlio Vargas, que viera prendê-la, e ouvir, perplexa, as palavras de Valdomiro Pires: – É esta" (Bezerra, 1995, p. 146). Nise havia sido denunciada pela enfermeira que fazia a limpeza de seu quarto e encontrara, entre as diversas leituras às quais a médica se dedicava, alguns livros de cunho marxista.

Nise chegara ao Rio durante a transição política brasileira, que culminou com o fim da República Velha. O debate político era intenso, ao mesmo tempo em que, no campo das artes, vivia-se ainda um clima de produção nacional criativo com os reflexos da Semana de 22. Esses dois aspectos, política e arte, já eram familiares a Nise, mas, nesse período marcado por rupturas com modelos anteriores, teve um lugar privilegiado. Não tanto por sua produção pessoal ou profissional, mas certamente por sua convivência próxima com personagens importantes do mundo da política e das artes, como os vizinhos da rua do Curvelo, por exemplo. Nessa época, tendo chegado aos trinta anos de idade, seu percurso profissional ainda estava se definindo. Suas opções mantinham a influência prioritária dos grupos afetivos com os quais convivia, como a adesão ao grupo de estudantes de esquerda e o concurso para psiquiatra que prestara porque o professor Austragésilo a inscrevera. É certo que a vinda para o Rio marcou sua autonomia em relação à família, possivelmente precipitada pelo falecimento prematuro de seu pai.

1933, seu trabalho terminou em 16 de julho do ano seguinte, com a promulgação da Constituição de 1934. Nesse mesmo dia os constituintes elegeram Vargas presidente do Brasil, dando um caráter legalista a seu governo.

O confinamento na prisão trouxe novos desafios para Nise da Silveira.

A prisão e os anos turvos

Após receber voz de prisão, Nise foi levada para o Departamento de Ordem e Política Social (DOPS), na rua da Relação, onde permaneceu por uma semana, sendo transferida, em seguida, para o presídio da rua Frei Caneca e alojada no Pavilhão dos Primários, em cela destinada às prisioneiras políticas, chamada Sala 4. Ali havia dezesseis camas e uma mesa sem cadeiras em um espaço compartilhado por mulheres que se destacavam na militância política de esquerda, como Olga Benário, Maria Werneck e Elisa Berger, que ocupava a cama ao lado da de Nise. Entre as duas estabeleceu-se uma relação de amizade e solidariedade mútua, conforme Nise conta em depoimentos a Bezerra (1995) e Gullar (1996). A tortura era um método usual, na prisão, para obter informações confidenciais e Nise, apesar de não ter sido submetida diretamente a esse tipo de prática, não deixou de ser marcada pela violência de que suas companheiras foram alvo. Elisa teve seu marido, Harry Berger, torturado até enlouquecer. Ela, além de ter presenciado algumas sessões em que o marido foi torturado, também foi vítima de práticas violentas de interrogatório: "Ela me mostrava as queimaduras nos seios... Eu ficava nervosíssima vendo aquilo", relata Nise (Gullar, 1996, p. 42).

Graciliano Ramos (2004) descreve, em *Memórias do cárcere*, momentos compartilhados com Nise da Silveira. A amizade entre esses dois alagoanos transcendeu os muros da prisão e, depois da libertação do escritor, ambos costumavam se encontrar na Livraria

José Olympio. Após a efervescência da década de 1920 e início dos anos 1930[4], os tempos da ditadura Vargas, aos quais Graciliano (2004) se refere como "fascismo tupinambá" (p. 15), marcaram uma involução na produção de alguns setores do mundo artístico: "De fato ele [o fascismo tupinambá] não nos impediu de escrever. Apenas nos suprimiu o desejo de entregar-nos a esse exercício" (p. 34). Outro exemplo da pouca tolerância com o exercício intelectual, característica dessa época, aparece quando Maria Lydia veio ao Rio interceder pela libertação da filha. O responsável pelo processo de Nise disse que sua prisão iria se prolongar, pois

> [...] se há duas pessoas que têm me dado muito trabalho são ela e o Francisco Mangabeira Filho. Eles parecem malucos, tomavam nota de tudo o que liam, e eu estou sendo obrigado pela lei a ler e analisar todas essas anotações. São folhas e folhas de anotações sobre marxismo, sobre literatura etc. (Gullar, 1996, p. 44)

Além do relacionamento com intelectuais vítimas do regime de exceção que perdurava, Nise manteve contato com presos comuns, dos quais trouxe algumas vivências marcantes. O ladrão Nestor chamou a atenção de Nise quando ela afastava as formigas do açucareiro; disse ele em tom de repreensão para a doutora: "Elas são viventes como nós" (Gullar, 1996, p. 43). Na opinião desse prisioneiro, a Malandrinha, gata que habitava o presídio, é que "sabia tirar cadeia", ao vê-la se espichar ao sol entre longos bocejos (Bezerra, 1995, p. 153). Outra peculiaridade dos presos comuns observada por Nise era como inventavam atividades "que serviam de antídoto contra o massacrante e repetitivo dia a dia"

---

[4] Em 1929 aparecera Cecília Meireles. No ano seguinte temos os primeiros livros de Carlos Drummond de Andrade e de Manuel Bandeira. Em 1933, surgem publicações que lançam um novo olhar sobre o Brasil, como *Casa-grande e senzala*, de Gilberto Freyre, e *Evolução política do Brasil*, de Caio Prado Júnior. Em 1936 é publicado *Raízes do Brasil*, de Sérgio Buarque de Holanda (Bueno, 1997, p. 234).

(Melo, 2001, p. 140). Esse tipo de subterfúgio não era empregado apenas por eles. Os presos políticos também lançavam mão de sua criatividade. Bezerra (1995) conta sobre a "Rádio Libertadora", uma invenção que servia para troca de informações e o lazer, com a leitura de textos literários e canções cantadas pelos detentos políticos. Graciliano (2004) relata suas "idas" ao cinema, na imaginação compartilhada com Nise, justificando que "ociosos e ausentes do mundo, precisávamos fazer esforços para não nos deixarmos vencer por doidos pensamentos" (v. II, p. 240).

Em junho de 1937 foi nomeado para a pasta da Justiça o ministro José Carlos de Macedo Soares, que protagonizou o episódio conhecido como "macedada", quando mandou soltar os presos políticos sem condenação ou processo. Bezerra (1995) conta que Nise saiu da prisão na noite de São João, com os balões subindo ao céu. No dia seguinte foi ao Café Chave de Ouro, na rua São José, seu ponto de encontro com amigos e onde lhe anotavam recados. Foi abraçada pelo garçom que costumava atendê-la, porém notara o receio de algumas pessoas em se aproximar dela. Mesmo assim recebeu manifestações de solidariedade, como o convite do antigo vizinho da rua do Curvelo, Manuel Bandeira, para um almoço na Confeitaria Colombo, lugar de destaque da capital. Alguns meses depois, porém, a situação política voltaria a se tensionar.

Dez de novembro de 1937. Vargas, em pronunciamento radiofônico, diz que "nos períodos de crise como o que atravessamos, a democracia de partidos [...] subverte a hierarquia, ameaça a unidade pátria e põe em perigo a existência da nação" (Bueno, 1997, p. 229).

Os partidos e o Parlamento foram extintos e uma nova Constituição passou a vigorar. Estava instaurado o Estado Novo, com uma nova onda de prisões. Nise então teria deixado o Rio de Janeiro ao ouvir rumores de que seria presa novamente.

Aquele ano e meio de prisão podem ser considerados período marcante para Nise da Silveira, assim como para o Brasil, pois foi um tempo de transformações. Nele, Nise manteve contato cotidiano com pessoas expressivas do panorama intelectual brasileiro. Vivenciou, igualmente, o regime de reclusão e de violência decorrente do abuso do poder, com forte impacto sobre o sofrimento de todos. Alguns, entretanto, conseguiam lidar com esse tipo de situação de forma criativa e inusitada, mesmo em condições de cerceamento e humilhação. Nesse tempo, não passou despercebido a Nise o quanto as atividades criadas espontaneamente constituem uma alternativa poderosa para o suplício do cotidiano da prisão. Não há como ignorar que esses meses foram de aprendizado para ela, que experienciou de maneira contundente a similaridade entre a arbitrariedade da prisão e do hospício.

Ainda um fato veio marcar sua futura trajetória na psiquiatria. Quando trabalhava no Hospício Pedro II, na Praia Vermelha, Nise recebia todas as manhãs uma paciente, chamada Luíza, que vinha lhe servir o café. Nise tinha muita dificuldade em entender o que Luíza dizia, devido ao quadro de esquizofrenia, caracterizado pela indiferença e embotamento afetivo, segundo os manuais da psiquiatria descritiva. Ao saber da prisão da doutora para quem levava café todas as manhãs, Luíza deu uma surra na enfermeira que denunciara Nise, demonstrando seu discernimento e afeto, o que contrariava a nosologia psiquiátrica tradicional.

> Assim aprendi outra lição, que desmentia o que afirmavam os livros de psiquiatria sobre os doentes mentais [...] os esquizofrênicos eram indiferentes e sem afeto [...] Eu não entendia nada do que ela falava, mas ela estava entendendo o que se passava,

disse Nise sobre esse episódio (Gullar, 1996, p. 41).

Saindo do Rio, Nise foi levada por um primo para a Bahia. Porém, não se sentia bem na pensão onde ficou hospedada. Em visita a parentes do amigo e companheiro de prisão, Francisco

Mangabeira Filho, foi muito bem acolhida. Havia, entretanto, recebido um telegrama de seu advogado, dizendo que se apresentasse no Rio e garantindo que, se fosse presa novamente, seria solta em seguida. Nise não aceitou a proposta. Em vez disso, após conversa com as anfitriãs, aceitou a oferta que lhe fizeram de um lugar para esconder-se, onde não seria encontrada (Gullar, 1996, p. 45). A contrapartida exigida foi a palavra de honra de Nise de nunca revelar o local do esconderijo para ninguém. Sabe-se que Nise esteve em Pernambuco, Alagoas e foi então para Manaus encontrar seu companheiro, Mário Magalhães, que ali servia como delegado federal da saúde. Freitas (2001) relata que o doutor Mário já era um sanitarista muito respeitado, e por isso não foi preso na década de 1930, apesar de pertencer ao Partido Comunista Brasileiro. "Ele teve que ir para o Amazonas e, depois que a dra. Nise saiu da prisão, foi para o Norte ao encontro dele" (p. 188).

Sabe-se que nesse período Nise dedicou-se ao estudo de Baruch Spinoza (1632-1677), filósofo de origem judaica que viveu e trabalhou na Holanda. Considerado um dos maiores pensadores racionalistas, tinha uma visão monística, que lhe permitiu formular o conceito do mental e do físico como diferentes atributos da mesma realidade. Apesar de Spinoza ter sofrido forte influência de Descartes, sua perspectiva unitária oferecia uma alternativa consistente e interessante para as restrições de Nise à visão cartesiana que, em sua opinião, separava "o que lhe aparecia inextricavelmente unido" (Melo, 2001, p 126). Será com Spinoza que Nise construirá a base para o desenvolvimento conceitual de seu futuro trabalho profissional.

Engenho de Dentro e C. G. Jung

Voltando de Manaus, Nise e Mário moraram inicialmente "na casa do irmão de Mário Magalhães, Carlyle Magalhães e, depois, em um quarto na rua da Glória, n° 60" (Bezerra, 1995, p. 155). Nise foi readmitida no serviço público em abril de 1944, no Hospital Pedro II, do antigo Centro Psiquiátrico Nacional, no Engenho de Dentro.

Muita coisa se passou nesses anos de autoexílio de Nise da Silveira. O Estado Novo perdurava e a mão de Vargas agia em diversas áreas do panorama brasileiro. A economia agrícola, que perdera poder com o fim da República Velha, cedia lugar à industrialização. Foram criados o Conselho Nacional do Petróleo (1938), a Companhia Siderúrgica Nacional (1941) e a Mineradora Vale do Rio Doce (1943), todas vinculadas ao Estado.

O Departamento de Imprensa e Propaganda (DIP) ditava as diretrizes de modo a "centralizar, coordenar, orientar e superintender a propaganda nacional interna ou externa [...] fazer censura do teatro, do cinema, de funções recreativas e esportivas [...] da radiodifusão, da literatura e da imprensa" (Bueno, 1997, p. 231).

Um exemplo da "presença" do ditador no mundo artístico foi sua eleição, como candidato único, para a Academia Brasileira de Letras, em 1941, apesar de não ser escritor.

Pouco antes, em 1937, criara a Universidade do Brasil, que incorporou o Instituto de Psicologia, nascido em 1932 no Laboratório de Psicologia da Colônia de Psicopatas no Engenho de Dentro (Penna, 1992, p. 20-21). Engenho de Dentro, "uma das mais importantes instituições que geraram condições para o estabelecimento da psicologia no Brasil" (Antunes, 2001, p. 49), era um centro de pesquisas com uma produção científica relevante nas áreas da psicologia e da psiquiatria.

A Segunda Guerra Mundial fora deflagrada, causando devastação e a busca por novas técnicas de destruição, mas também de assistência às vítimas da guerra. Algumas das novas descobertas ganharam aplicação na psicologia e na psiquiatria e chegaram a Engenho de Dentro. Os novos procedimentos, alinhados com a psiquiatria biológica, tiveram espaço naquele centro de pesquisas e de assistência a pacientes psiquiátricos e foi com esse panorama que Nise da Silveira deparou ao voltar a exercer suas funções como psiquiatra no serviço público. Ela conta que, durante seu afastamento do serviço público,

[...] algumas coisas tinham se modificado e nesse meio-tempo surgiu o que se dizia como a grande descoberta no tratamento para doenças mentais, o eletrochoque. Prontamente o doutor a quem eu acompanhava em visita ao hospital disse, com muita disposição, que iria me ensinar a grande novidade. Chamou um paciente e, dizendo que eu aprenderia com facilidade aquela simples e revolucionária operação, acionou o aparelho. Eu não havia sido torturada nos meus tempos de cárcere, mas pude ouvir os gritos de sofrimento de vários companheiros. O médico chamou então outro paciente e disse para mim: "Viu, Nise, como é fácil? É só apertar o botão". Eu havia visto o sofrimento do paciente na primeira demonstração. Olhei para o psiquiatra e disse que não faria aquilo. Ele ainda tentou me convencer das maravilhas daquela engenhoca, mas firmemente eu recusei. (Motta, 1995)

Nise chegou a usar um dos novos recursos da psiquiatria, quando aplicou um choque de insulina em uma paciente, mas "a mulher não acordava. Aflita, apliquei-lhe soro glicosado na veia e nada da mulher acordar. Tentei de novo, até que consegui. Aí disse: Nunca mais" (Gullar, 1996, p. 46).

A oposição aos métodos que Nise considerava violentos levou-a a uma conversa com o diretor do Centro Psiquiátrico Pedro II, Paulo Elejalde, que lhe perguntou o que poderia fazer por ela. Nise conta que não estava preocupada com cargos ou hierarquias, por isso respondeu ao diretor que fizesse qualquer coisa, quando ele sugeriu o Setor de Terapêutica Ocupacional. Nise pensou consigo: Por que não?

> Aceitei a indicação do doutor Elejalde, mas, antes que ele saísse, interrompendo no ar o seu movimento de meia-volta, disse-lhe com o dedo em riste e um brilho maroto nos olhos: – Eu irei para o Setor de Terapêutica Ocupacional, mas... ele vai mudar! (Motta, 1995)

Engenho de Dentro, como um centro de pesquisa, abrigava também outras possibilidades na área da doença mental. A terapêutica ocupacional (TO), implantada naquela instituição psiquiátrica em meados de 1940, estava sendo aprimorada por estudos aplicados na recuperação e no tratamento de vítimas de guerra. Em reunião da Sociedade de Psiquiatria, Neurologia e Medicina Legal, o doutor Fábio Sodré, médico responsável pela introdução da TO em Engenho de Dentro, expôs suas ideias a respeito da iniciativa que tivera (Melo, 2001, p. 59). As muitas críticas recebidas de colegas podem talvez explicar o pequeno espaço institucional que a TO ocupou no início em Engenho de Dentro. Foi no lugar montado por Sodré para servir como sala de estar para os pacientes de sua enfermaria que Nise implantou a primeira atividade de TO: costura e bordado (Bezerra, 1995, p. 156).

A Seção de Terapêutica Ocupacional (STO) recebeu apoio de Paulo Elejalde, que colocou à disposição de Nise a pequena verba destinada a pagar internos que prestavam serviços ao hospital. Foram então montadas outras oficinas e ateliês, como o de desenho e pintura, inaugurado em setembro de 1946. Para lá foi transferido um funcionário da administração, totalmente inadaptado para a função burocrática. Almir Mavignier era, na ocasião, estudante de pintura e se surpreendeu com o trabalho dos doentes que frequentavam o ateliê. A produção dos internos crescia e logo se organizou uma exposição, em fevereiro de 1947, no primeiro andar do Ministério da Educação, com 245 pinturas dos pacientes de Engenho de Dentro, numa "tentativa para entrar em contato com pessoas talvez interessadas pelo apaixonamento que nos empolgava", justifica Nise (Silveira, 1982, p. 14). Mário Pedrosa, crítico de arte, começou a frequentar a STO, que "trouxe nada menos que o primeiro diretor do Museu de Arte Moderna de São Paulo, um francês chamado Léon Degand... Ele se deslumbrou", conta Nise (Gullar, 1996, p. 47).

A segunda exposição com obras produzidas nos ateliês de Engenho de Dentro foi montada com material selecionado por Legand, que regressaria para Paris pouco antes da abertura da mostra, em 12 de outubro de 1949 (Sant'Anna, 2001, p. 212). O catálogo de "9 artistas de Engenho de Dentro" tem apresentação de Nise da Silveira, embasada em diversos teóricos e revelando grande maturidade conceitual. Cita Bleuler, Freud e comenta a experiência de Herbert Head[5] com meninas que pintam imagens semelhantes a mandalas, símbolos eternos da humanidade, que "aparecem também pintados por doentes mentais europeus (Jung) e por esquizofrênicos brasileiros" (Silveira, 1949, *apud*

---

[5] Experiência feita em uma escola secundária feminina com jovens inglesas sadias, que pintam imagens surgidas em estado de rebaixamento de consciência.

89

Gullar, 1996, p. 94). Essa exposição repercutiu no meio artístico e médico, sendo, em seguida, transferida para o salão nobre da Câmara Municipal do Rio de Janeiro, graças ao empenho de Jorge Lima, intelectual alagoano, vereador e, na ocasião, presidente da Câmara.

Os desdobramentos do evento não pararam aí. Obras de "9 artistas de Engenho de Dentro", com produções feitas no Juquery – SP e na Colônia Juliano Moreira – RJ foram enviadas para o 1º Congresso Mundial de Psiquiatria, realizado em Paris em 1950 (Melo, 2001, p. 68).

A produção artística dos frequentadores dos ateliês da STO deu visibilidade ao trabalho de Nise, que relata:

> Tudo isso me alegrava profundamente. Mas sempre me mantive discreta quanto a pronunciamentos sobre a qualidade das criações plásticas dos doentes. Isso competia aos conhecedores de arte. O que me cabia era estudar os problemas científicos levantados por essas criações. (Silveira, 1982, p. 16)

Ao se posicionar dessa forma, Nise reafirma sua condição de pesquisadora da psique, ainda que incluísse em seus estudos textos de áreas diversas. Entre os autores marcantes para a obra de Nise estão Machado de Assis, Baruch Spinoza, Antonin Artaud, Gaston Bachelard e Carl Gustav Jung. No início dos anos 1950, Jung, citado no catálogo da exposição de 1949, ainda não ocupava o lugar que teria no trabalho de Nise da Silveira.

No início dos anos 1980, em *Imagens do inconsciente*, uma de suas mais importantes publicações, Nise declara:

> O mais importante acontecimento ocorrido nas minhas buscas de curiosa dos dinamismos da psique foi o encontro com a psicologia junguiana. Jung oferecia novos instrumentos de trabalho, chaves,

rotas para distantes circum-navegações. Delírios, alucinações, gestos, estranhíssimas imagens pintadas ou modeladas por esquizofrênicos tornavam-se menos herméticas se estudadas segundo seu método de investigação. E também não lhe faltava o calor humano de ordinário ausente nos tratados de psiquiatria. (Silveira, 1982, p. 11)

O evento que levou Nise a colocar Jung nesse lugar privilegiado de seu trabalho foi, primeiro, a leitura de *Psicologia e alquimia*, publicado em 1943. Em entrevista a Horta, Nise conta que já havia alguns textos esparsos de C. G. Jung publicados, mas que não se encontrava no Brasil "um livro de sua autoria, a não ser uma tradução francesa que reunia temas diversos":

A psicologia junguiana logo me atraiu, achei interessante. Então apareceu o primeiro livro das obras completas de Jung [...]. Assim que pude, adquiri imediatamente o *Psicologia e alquimia*, traduzido para o inglês. Mas tive dificuldade na leitura, não só por ser um livro difícil, mas também porque o meu inglês na época era muito fraco. Certo dia encontrei um amigo, que tinha um inglês forte, e lhe perguntei: – Você por acaso adquiriu o *Psicologia e alquimia*, de C. G. Jung, que acabou de sair? Ele me respondeu: – Sim, estou às voltas com ele. – Então vamos ler juntos, eu propus. (*apud* Ramos, 2001, p. 30-31)

Era o germe do futuro Grupo de Estudos C. G. Jung, formado em abril de 1955, ao qual se juntaram outros interessados em psicologia analítica.

Jung (1991) apresenta nesse livro estudos baseados no material de que dispunha: "Mais de mil sonhos e impressões visuais de um homem ainda jovem, cuja formação científica deve ser sublinhada" (§ 45)[6], e adiante revela o método que usa para se aproximar do material:

> Devemos obrigatoriamente aplicar o mesmo método usado para a leitura de um texto fragmentário, ou que contenha palavras desconhecidas, isto é, a consideração do contexto. Pode ocorrer que o significado da palavra desconhecida seja descoberto quando comparado com uma série de passagens que a contém. (Jung, 1991, § 48)

E mais adiante diz, relativamente ao objeto de sua pesquisa, que "não se trata de sonhos isolados, mas de *séries* conectadas entre si, em cujo decorrer o sentido se explica pouco a pouco por si mesmo" (Jung, 1991, § 50). Entre os sonhos estudados, Jung seleciona em ordem cronológica os que se referem à mandala. Tais imagens apresentavam semelhança com pinturas produzidas pelos frequentadores da STO de Engenho de Dentro e que já haviam chamado a atenção de sua coordenadora, que as reunira, formando o primeiro álbum de trabalhos do ateliê de pintura, montado antes ainda da primeira exposição de 1947. Naquele tempo, Nise, apesar de intrigada com a recorrência daquelas imagens, ainda não tinha clareza de seu significado. Com *Psicologia e alquimia*, Jung ofereceu a primeira chave para o trabalho de Nise, o método de análise em série aplicado aos sonhos. É o que se passa a fazer em Engenho de Dentro, analisando-se, todavia, não sonhos, mas as imagens expressas no material produzido nos ateliês da STO. A segunda chave, decisiva para se ampliar o entendimento do conteúdo das imagens expressas pelos internos, viria mais tarde.

---

[6] Jung diz em nota de rodapé que o sonhador não tinha formação em história, filologia, arqueologia ou etnologia. As referências a tais áreas eram inconscientes. O sonhador, soube-se após a publicação de correspondência entre ambos, era Wolfgang Pauli (1900-1958), que ganharia o Prêmio Nobel de Física em 1945.

Além da oficina de costura e do ateliê de desenho e pintura, várias outras atividades foram aos poucos implantadas, de modo que "a Seção de Terapêutica Ocupacional desenvolveu-se progressivamente até instalar dezessete núcleos de atividade" (Silveira, 1992, p. 17), divididos em quatro grupos: "trabalho (marcenaria, sapataria, encadernação, cestaria, costura, jardinagem etc.), expressivas (pintura, modelagem, gravura, música, dança, mímica, teatro etc.), recreativas (jogos, festas, cinema, rádio, televisão, esportes, passeios etc.) e culturais (escola, biblioteca etc.)" (Melo, 2001, p. 71). Ou seja, a STO ganhou um espaço considerável na instituição, o que parecia pouco provável para uma modalidade de tratamento considerada, pela psiquiatria biológica da época, como subalterna e de pouca ou nenhuma efetividade terapêutica.

Do ateliê de desenho e pintura não paravam de sair produções, fruto da atividade incessante de muitos dos seus frequentadores. "Começou-se a falar em museu, como um órgão que reunisse todo esse volumoso material de importância científica e artística. E assim foi inaugurado, no dia 20 de maio de 1952, o Museu de Imagens do Inconsciente" (Silveira, 1982, p. 16).

Durante todos os anos em que esteve às voltas com as imagens expressas pelos pacientes de Engenho de Dentro, Nise sempre afirmou que o foco do seu trabalho na STO era a pesquisa científica. Desde o início, também, posicionou-se firmemente em relação a outro princípio, o do mercado. Nise opôs-se com tenacidade a todas as tentativas de aquisição de pinturas do museu. Durante a mostra "9 artistas de Engenho de Dentro", o patrocinador do evento, Cicilo Matarazzo, interessou-se por uma pintura de Emygdio[7]. Apesar da insistência e das cada vez maiores ofertas recebidas, Nise recusou todas categoricamente, pois considerava que as imagens só podiam ser estudadas na sua sequência, e a falta

---

[7] Emygdio (1895-1986) teve sua primeira internação em 1924 no antigo Hospital da Praia Vermelha, e começou a frequentar o ateliê de Engenho de Dentro em 1947.

de uma delas seria como arrancar um trecho de um texto antigo, colocando a perder todo o trabalho de decifração.

Em 1954, às voltas com *Psicologia e alquimia*, Nise tomou a iniciativa de remeter a Jung algumas pinturas com formato circular característico, perguntando se corresponderiam a mandalas. Jung respondeu afirmativamente, manifestando interesse pelo conteúdo e pelos autores do material. A receptividade obtida por sua carta foi estimulante, e pouco mais tarde Jung receberia mais notícias do Brasil, dessa vez para comunicar-lhe a constituição do grupo de estudos que levava seu nome. Esse canal constituído entre os dois psiquiatras não parou de se ampliar. Em 1956, depois de Nise verificar a possibilidade de frequentar cursos e seminários em Zurique, Jung enviou a seguinte mensagem:

> Senhores, o professor C. G. Jung convida a doutora Nise da Silveira a fazer parte, no semestre de verão de 1957, do Instituto C. G. Jung de Zurique. Os cursos, os seminários e o contato com meus colaboradores serão de grande importância para a preparação da exposição de arte psicopatológica, que deverá ser organizada em ocasião do Congresso Internacional de Psiquiatria que se realizará em Zurique no ano de 1957. Eu ficaria contente se através da visita da doutora Nise da Silveira, o contato entre os profissionais do Brasil e da Suíça pudesse se aprofundar. Certamente esse encontro será importante para o futuro da psicologia e da psiquiatria. (*apud* Mello, 2001, p. 14)

Nise chegou em Zurique em 1957 para os cursos no Instituto e levou consigo centenas de pinturas produzidas no ateliê de Engenho de Dentro. Esse material foi apresentado sob o título "A esquizofrenia em imagens", exposição que ocupou cinco salas do II Congresso Internacional de Psiquiatria realizado naquela cidade. Jung abriu a mostra na manhã de 2 de setembro, percorrendo cada sala em companhia de Nise da Silveira.

Poucos dias antes, em 14 de junho, recebida por Jung em sua casa, Nise conta:

> Sentada diante do mestre no seu gabinete de trabalho, junto à larga janela com vista sobre o lago, falei-lhe do desejo de aprofundar meu trabalho no hospital psiquiátrico, de minhas dificuldades de autodidata. Ele me ouvia muito atento. Perguntou-me de repente:
> – Você estuda mitologia?
> Não, eu não estudava mitologia.
> – Pois se você não conhecer mitologia nunca entenderá os delírios de seus doentes, nem penetrará na significação das imagens que eles desenhem ou pintem. Os mitos são manifestações originais da estrutura básica da psique. Por isso seu estudo deveria ser matéria fundamental para a prática psiquiátrica. (Silveira, 1982, p. 98)

Nesse encontro, Nise recebeu de Jung a segunda chave. Com ela, passou a aplicar o conhecimento da mitologia ao estudo em série das imagens produzidas na STO, formando, assim, uma base conceitual e metodológica mais consistente, que permitiu um salto qualitativo em sua prática profissional, conforme atesta o crescimento de sua produção teórica.

Em 1965 surgiu a *Quatérnio*, revista publicada pelo Grupo de Estudos C. G. Jung, que teve números subsequentes, embora não regulares.

Em julho de 1968 foi instituído o Grupo de Estudos do Museu de Imagens do Inconsciente, que organizou diversos simpósios, como "A árvore", em maio de 1968, "O mito de Dionysios", no ano seguinte, "A grande mãe", entre 20 e 28 de agosto de 1970, e "A esquizofrenia em imagens", em 1971.

Em seu primeiro livro, surgido em 1968, que não poderia ser outro senão *Jung: vida e obra*, Nise apresenta o autor e seus conceitos de forma criativa e acessível, sem perder o cuidado e a profundidade que a caracterizavam.

Aos setenta anos, em 1975, Nise teve sua aposentadoria compulsória no serviço público. Apesar da idade, mantinha o espírito alerta, de modo que, no dia seguinte, apareceu no Museu apresentando-se como a mais nova estagiária. Diante das ameaças que o acervo do Museu vinha sofrendo, organizou a Sociedade de Amigos do Museu de Imagens do Inconsciente, que em sua primeira iniciativa apoiou o evento do centenário do nascimento de Jung, amplamente comemorado no Rio de Janeiro, São Paulo e Belo Horizonte. O nome de Nise da Silveira já estava consagrado como a principal divulgadora da psicologia analítica no Brasil.

A carreira profissional da psiquiatra alagoana não parou aí. Nise continuou dando vazão à sua energia e criatividade. Continuou produzindo e incitando os que viviam à sua volta a participarem de seus projetos, que não foram poucos, os quais não tivemos a pretensão de esgotar neste livro.

Nise sempre conseguiu aglutinar pessoas em torno de si, possivelmente pela fidelidade a seus princípios e por ter no afeto seu principal canal de relação com o mundo. Além dos muitos amigos e colaboradores que teve para ajudar em sua empreitada, recebeu muitos prêmios, títulos e homenagens dos mais diversos setores da sociedade[8]. Políticos, artistas e acadêmicos souberam perceber o valor dessa pequena-grande mulher para o nosso país. Mas, como vimos, Nise ressentia-se da falta de reconhecimento por seus pares. Ela dizia: "Nunca me fizeram a pergunta que eu desejaria: onde estão os homens e as mulheres que pintam essas obras?".

Em 15 de fevereiro de 2005, data em que Nise completaria cem anos, em fase de finalização deste livro, pergunto-me: onde está Nise da Silveira?

Uma resposta possível vem da lembrança de uma conversa com Luiz Valcazaras[9]: ela foi levar as cartas a Spinoza...

Enquanto isso, diversos colaboradores continuam por aqui, envolvidos em atividades que seguem os caminhos abertos por Nise da Silveira[10].

Pethö Sándor[11]

(1916-1992)

---

[8] *vide* relação de homenagens no Anexo 2.
[9] Luiz Valcazaras é diretor de teatro e autor da peça *Anjo duro*, sobre Nise da Silveira.
[10] Para os interessados em conhecer mais sobre Nise da Silveira, vide relação de suas publicações e de textos escritos sobre a sua pessoa, no Anexo 2.
[11] Em húngaro, o sobrenome vem em primeiro lugar, assim, Pethö é o nome de família, e Sándor, o nome próprio, que no Brasil se traduz como Alexandre.

O Instituto Sedes Sapientiae, de São Paulo, é uma importante referência para os que buscam conhecer a psicologia analítica de Carl Gustav Jung. Entre os cursos que oferece, abordando diversos pontos de vista teóricos, havia, em 2004, pelo menos sete nessa perspectiva, destacando-se dois deles em nível de especialização. Além disso, o grupo do Sedes organiza encontros anuais para discutir temas relacionados à psicologia analítica e edita duas revistas, *Hermes* e *Jung e Corpo*, ambas de periodicidade anual.

O Instituto Sedes Sapientiae tem uma longa história. Sua origem encontra-se em 1933, quando as Irmãs da Congregação de Nossa Senhora – Cônegas de Santo Agostinho decidiram fundar o Instituto Superior de Pedagogia, Ciências e Letras. Em 1944-1945, já com o nome de Sedes Sapientiae, o Instituto se estruturou como Faculdade de Filosofia, Ciências e Letras e, em 1947, foi anexado, como faculdade agregada, à Pontifícia Universidade Católica de São Paulo. A integração da Faculdade Sedes Sapientiae à PUC-SP só ocorreu em 1971, após a reforma universitária proposta pelo governo militar em 1968, em meio à luta do movimento estudantil contra a ditadura. A Clínica Psicológica Sedes Sapientiae foi excluída desse processo de integração e manteve suas atividades sob a direção de madre Cristina Sodré Dória. Em 1977, a clínica ganhou novas instalações com a construção do atual Instituto Sedes Sapientiae, que surgiu, nesse ano, segundo discurso de inauguração proferido por madre Cristina, como "um espaço aberto aos que quiserem estudar e praticar um projeto para a transformação da sociedade, visando atingir um mundo onde a justiça social seja a grande lei" (Arantes, 1998).

Em 1981, a convite de madre Cristina, o doutor Pethö Sándor iniciou suas atividades no Instituto Sedes Sapientiae e, segundo Agnes Geöcze[12], foi aí que Sándor "estourou totalmente". Sua ida

---

[12] Em depoimento ao autor, em 21/05/2004. Agnes Geöcze é filha de criação e importante colaboradora de Sándor, que conheceu aos treze anos, quando suas respectivas famílias fugiram da Hungria com a chegada das tropas russas, em 1945.

para o Sedes foi um marco importante para a difusão de seu trabalho, tanto que o grupo que se formou ao redor dele continua a desenvolver suas atividades nessa instituição.

Esse movimento, porém, foi fruto de uma trajetória que merece ser conhecida, pois o trabalho de Sándor tinha características peculiares, que devem ser vistas a partir do percurso desse médico húngaro que chegou ao Brasil em 1949.

Nascido em 1916, filho de um juiz de direito, viveu em um ambiente cultural estimulante. "A formação dele era para ser cantor de ópera", relata Maria Luiza Simões[13], tentando lembrar-se do nome do professor de canto de Sándor, de quem tem um *long-play*. Em 1943, formou-se médico obstetra e ginecologista pela Faculdade de Medicina de Budapeste, época em que a Segunda Guerra Mundial assolava a Europa.

A chegada das tropas russas à Hungria, em 1945[14], fez que muitos moradores deixassem suas casas, porque "os russos estavam maltratando muito, principalmente as mulheres", conta Agnes Geöcze, filha de uma das numerosas famílias que

---

[13] Esposa de Sándor, em depoimento ao autor em 30/04/2004.
[14] Durante a Segunda Guerra Mundial a Hungria alinhou-se aos países do Eixo – Alemanha, Itália e Japão. Foi invadida durante a contra-ofensiva russa e, com o fim da guerra, passou a integrar os países da Cortina de Ferro, sob influência de Moscou.

embarcaram em um trem em busca de um lugar mais seguro naquele fim de abril, véspera do fim da guerra. Agnes, na ocasião com treze anos de idade, relembra:

> Para escapar disso, a gente foi na primeira vez para a Áustria, depois fomos para a Tchecoslováquia, onde ficamos durante mais ou menos duas a três semanas [...] foi muito tumultuado, várias vezes quase fomos capturados, vários vezes quase fomos bombardeados [...] quando chegamos na Alemanha, os exércitos abriam e roubavam tudo [...] a gente ficou sem um monte de coisas.

O trem em que estavam, já na Alemanha, ficou parado em uma estação por não haver ninguém para tirá-lo dali. Com dois ou três dias sem ter o que comer, resolveram cozinhar em um dos vagões. Sándor e sua família faziam parte daquele grupo. Enquanto alguns acendiam o fogo para preparar a comida, ele desembarcou para pegar água. A fumaça desprendida do vagão onde se cozinhava chamou a atenção dos aviões americanos, que já operavam praticamente vitoriosos na Alemanha. O trem foi metralhado. Sándor, o único médico presente, voltou para acudir os inúmeros mortos e feridos, entre eles seu pai e sua mãe. Agnes conta que, quando Sándor viu a gravidade dos ferimentos de seus pais, teria dito: "Quanto a estes não posso fazer mais nada, tragam-me os outros". Só após ter trabalhado exaustivamente naquele dia é que se permitiu um momento de retiro.

A guerra terminou, mas a condição de refugiados permaneceu para aqueles que preferiram não voltar à Hungria ocupada pelos russos. Vivendo em condições precárias na Europa destruída pela guerra, Sándor teve outra perda. Sua esposa veio a falecer aos 26 anos, deixando dois filhos pequenos, de dois e três anos.. Procurou, então, uma família conhecida para ajudá-lo naquela situação e, juntos, passaram por diversos campos de refugiados até 1949, quando emigraram para o Brasil[15].

Como Sándor, cuja sensibilidade vinha sendo estimulada pelo estudo da música lírica, pôde deparar com tantas perdas nesse curto intervalo de tempo? Tais vivências certamente marcaram e influenciaram sua maneira de ser.

Pessoas próximas a ele descrevem-no como alguém que não fazia concessões. Tal característica pode denotar certa "rudeza" no trato pessoal, que o tornava seletivo em relação aos que buscavam aproximação. Um exemplo dessa particularidade pode ser visto no relato de Maria Luíza Simões sobre seu primeiro contato, em uma entrevista, com aquele que viria a ser seu companheiro afetivo:

> Ele cumprimentou:
> – O que veio ela fazer aqui?
> Eu falei:
> – Sabe, doutor, depois de eu ter a entrevista, nós [ela e a sobrinha] vamos passear um pouco na rua Augusta...
> Então:
> – Passe bem, vá passear na rua Augusta, volte a semana que vem.
> Este era o Sándor: tire o lenço, não fume aqui dentro, o que veio fazer a sua sobrinha... e vá embora... vá embora...
> Isso era o Sándor!... Se a gente aguentava, eu acho que dentro dele ele "dava o passaporte" [Querendo dizer que se ela suportasse esse tipo de tratamento, então poderia ser recebida por ele].

---

[15] Após a Segunda Guerra Mundial, o Brasil recebeu a terceira leva de imigrantes húngaros. Antes dessa houvera a primeira, em 1890, e a segunda, após a Primeira Guerra Mundial. Houve ainda uma quarta oportunidade para a imigração húngara, após o levante popular contra a ocupação soviética de 1956.

Ainda na Europa, Sándor trabalhou como médico nos campos de refugiados em que esteve. Em texto em que apresenta a calatonia, relata:

> Num hospital da Cruz Vermelha foram atendidas as mais diferentes queixas na fase pós-operatória, desde membros fantasmas e abalamento nervoso, até depressões e reações compulsivas. Percebeu-se então que, além da medicação costumeira e dos cuidados de rotina, o contato bipessoal, juntamente com a manipulação suave nas extremidades e na nuca, com certas modificações leves quanto à posição das partes manipuladas, produzia descontração muscular, comutações vasomotoras e recondicionamento do ânimo dos operados, numa escala pouco esperada [...]. Aplicava-se a mesma técnica às pessoas deslocadas que se preparavam para emigração e na população abalada e constrangida, mas desta vez, não em clínicas cirúrgicas, mas em pacientes das áreas psicológica ou neuropsiquiátrica. (Sándor, 1972b, p. 92-93)

O criador da calatonia relata nessa passagem a origem da técnica de trabalho corporal que iria aprimorar e difundir no Brasil. De início, chama a atenção o fato de ele designar o contato com seus pacientes como "bipessoal", como se fizesse questão de enfatizar o tratamento especial dispensado em suas consultas, feitas nas condições severas de um hospital de refugiados do pós-guerra. Também é relevante abordar a descoberta que o levaria a formular a proposta de seu método de trabalho corporal. Tal achado se deu através de "manipulações suaves" em certas partes do corpo dos pacientes. As condições em que Sándor atuou nesse período sugerem um ambiente de trabalho caótico e pouco favorável, não só ao tipo de contato pessoal com o paciente que ele propunha, mas também para observar as sutilezas decorrentes de intervenções chamadas de manipulações suaves. A própria palavra "suave" parece destoar do contexto "hospital de um campo de refugiados".

Porém, a existência da calatonia como método caracterizado por "toques sutis" (Delmanto, 1997, p. 15) é a prova de que Sándor pôde constituir um espaço para continuar a exercer sua sensibilidade mesmo em situações desfavoráveis. Alguns de seus ex-alunos lhe atribuem o pensamento filosófico de que o objetivo do ser humano é a aceitação total da sobrecarga e a consciência da absoluta insegurança da vida. Nada mais coerente com a história de alguém que conviveu com situações adversas como as que relatamos e seguiu adiante, desenvolvendo iniciativas que atualmente fazem parte da psicologia analítica brasileira. O trabalho atual do Sedes pode ser considerado uma síntese desse percurso peculiar. Tanto o nome de um dos cursos de especialização como o de uma das revistas publicadas pelo grupo que deu continuidade aos ensinamentos de Sándor conjugam corpo e Jung[16]. O "corpo" fez parte de sua formação universitária e prática profissional no pós-guerra. Mas e "Jung", como chegou a Sándor?

Não sabemos se Sándor leu Jung quando era estudante. É possível especular que sim, dado o intercâmbio cultural e a tradição de formação geral que havia na Europa. Sándor dominava várias línguas, como o alemão, o inglês, o grego, o latim, além do húngaro, sua língua natal. Porém, sua formação médica foi em ginecologia e obstetrícia e não sabemos se seu currículo incluía estudos de psicologia ou psiquiatria. Entretanto, temos algumas pistas: a família a que Sándor recorreu após a perda de sua esposa era conhecida de seus pais e estava naquele mesmo trem que fugiu da Hungria. Jozseph Buydos, juiz de direito que trabalhara com o pai de Sándor, e sua esposa Irene, eram astrólogos e estudiosos de esoterismo e iniciaram Sándor nesse campo. Farah (s.d.) menciona que nessa ocasião Sándor já se interessava por

---

[16] Curso Psicoterapia de orientação junguiana coligada a técnicas corporais, Cinesiologia psicológica – Integração físiopsíquica e revista *Jung e corpo*.

psicologia profunda. Sabemos que essas áreas do conhecimento foram estudadas por Jung[17]. Geöcze e Simões contam ainda que o grupo húngaro ficou acomodado por algum tempo em um local referido como "vitrine", num prédio abandonado. Maria Luíza e Agnes lembram que Sándor comentava que, nesse período, teve "todo o tempo do mundo para ler", e assim leu oito vezes um livro de Jung. Contam também que Sándor teria tentado ir para a Suíça por duas vezes nesse ínterim, mas não conseguiu entrar no país por falta de passaporte. Tais dados não permitem situar com precisão quando Sándor começou a estudar Jung, porém indicam que, em seus primeiros anos como refugiado (1945-1949), já estabelecera contato com a psicologia analítica. Foi Jung quem forneceu o embasamento teórico para as reflexões de Sándor sobre as manifestações psíquicas de seus pacientes nesses primórdios da calatonia.

A adesão de Sándor aos postulados junguianos é inquestionável, embora isso não fique tão evidente em seus escritos publicados – talvez "sutil" seja o termo mais adequado para qualificar a inclinação de Sándor pelos estudos de Jung. Na "Introdução" do *Boletim de Psicologia* (1972a, p. 4-10), ele apresenta o relaxamento como "um método de recondicionamento psicofisiológico" (p. 4) e cita "três exemplos marcantes quanto à utilização das ideias ou práticas de tensão e distensão (relaxação)" (p. 5). Após descrever a "psicoterapia biônoma de Schultz" (p. 5), a "terapia comportamental" (p. 6) e a "psicologia profunda" (p. 8), afirma que a "[...] terapia organísmica e a comportamentalista podem ser combinadas com criteriosidade prudente, mesmo

---

[17] Toda a psicologia de Jung tem como um de seus principais pressupostos a existência do inconsciente, o que caracteriza as abordagens da chamada psicologia profunda. Além disso, os primeiros estudos psiquiátricos de Jung versam sobre os fenômenos chamados ocultos (Jung, 1993). Em seus trabalhos há também menções à gnose, como em publicações sobre alquimia, de 1935-1936 (Jung, 1991), e astrologia (Jung, 1984b).

que as premissas e fundamentações sejam bem diferentes". Logo adiante fala do intercâmbio entre a terapia comportamental e a psicanálise, entre as quais, através da "pluralidade nosológica, da pluralidade metodológica e da pluralidade das indicações, poderá haver uma aproximação sem aquela controvérsia confessional que arroga incondicionalmente a exclusividade da razão" (p. 9). Parece que tal posicionamento reflete o objetivo de Sándor, para quem o relaxamento é "um meio condicionador que – conforme nossa experiência comprova – permite que cada um vislumbre aquilo que está destinado a ser e ajuda a que se prepare para cumprir sua incumbência individual como unidade dentro de uma unidade maior" (p. 10). Tal objetivo tem forte semelhança com o conceito junguiano de individuação, que, no entanto, não é referido no texto.

Adiante, ainda nesse *Boletim* em que apresenta a calatonia, Sándor (1972b) escreve que "uma dissertação posterior tratará, em detalhes, da fundamentação teórica" (p. 93). No artigo seguinte, que julgamos ser essa "dissertação posterior", Sándor (1972c) faz uma revisão da literatura em torno do tema, citando teóricos como Freud, Görres, Hengstmann, Heyer, Jaspers, Jung, Kretschmer, Lerner, Reich, Schultz e Wolberg. Porém, não se observa adesão explícita a qualquer desses autores, a não ser no fim, quando discorre sobre a finalidade do surgimento das imagens calatônicas, que, "como Jung diria, constelam as respectivas esferas vivenciadas, as potencialidades" (p. 110). Em seguida, menciona o "intercâmbio compensador e complementar entre o consciente e o inconsciente" (p. 110), que reflete um fundamento importante do pensamento junguiano sobre a dinâmica da psique, sem, no entanto, citá-lo. A opção teórica junguiana para fundamentar a abordagem psicológica da calatonia aparece mais claramente nos artigos que integram essa mesma publicação (Sociedade de Psicologia de São Paulo, 1972), cujos autores[18] compunham o "Grupo dos Sábados", coordenado por Sándor e voltado para "estudos junguianos e questões atuais da psicologia em desenvolvimento" (p. 119). Essa diferença na maneira de tratar a opção por uma abordagem teórica nos textos analisados não significa que houvesse uma vertente teórica do "Grupo de Sábados", paralela à de seu coordenador. Pelo contrário, esse grupo formado em torno de Sándor buscava, entre outras coisas, acesso ao conhecimento que ele detinha sobre os conceitos junguianos. Assim como esse, vários outros grupos buscaram a orientação do dr. Sándor para o estudo da psicologia analítica, demonstrando que, mesmo que Sándor fosse sutil na afirmação de sua opção teórica, ela não era segredo para ninguém.

Pode-se dizer que a síntese característica de Sándor representada pelo binômio "Jung e corpo" já estava delineada quando ele deixou a Europa, porém seu percurso profissional em nosso país começou em outra área.

Logo após sua chegada ao Brasil, em 1949, Sándor foi trabalhar como laboratorista na empresa Nitroquímica, sediada em São Miguel Paulista. Não pôde exercer a profissão médica, já que o reconhecimento pelas autoridades brasileiras de seu diploma de medicina implicava exigências que o fizeram desistir de atendê-las[19]. Paralelamente a seu trabalho na empresa, o imigrante recém-chegado teria iniciado diversas atividades na comunidade húngara em São Paulo. Seus familiares contam que ele deu palestras, escreveu artigos no jornal da comunidade, coordenou grupos de escoteiros e encenou peças teatrais, entre

---

[18] Os outros autores de capítulos desse livro são: Bonilha, L. C., Ferreira, L. M., Mauro, B. H. M., Santis, M. I., Simões, M. L. A. e Yamakami, S.
[19] Outros médicos que emigraram para o Brasil na mesma época tiveram muitas dificuldades nesse caso, como Enzo Azzi, cujo processo de validação teria levado cerca de vinte anos. Isso também se deu com Myra y Lopez, que só obteve postumamente autorização para o exercício da profissão.

outras atividades[20]. Através desse contato, Sándor passou a ser uma referência médica para seus conterrâneos, ainda que não tivesse regularizado sua situação profissional como médico no país. Em meados de 1950, já havia instalado sua primeira clínica, localizada na rua Augusta, 1840. Sua atividade nesse campo cresceu e se direcionou para a calatonia, cada vez mais caracterizada como uma abordagem psicoterápica.

No início da década de 1960, Sándor já atendia pessoas ligadas à Faculdade de Filosofia, Ciências e Letras São Bento, da PUC-SP. Algumas de suas clientes, no entanto, queriam aprofundar o conhecimento sobre o que estavam vivenciando em seu trabalho pessoal, dando início à formação dos primeiros grupos de estudo em psicologia analítica coordenados pelo dr. Sándor.

No fim da década, "buscando atender às necessidades e solicitações do nosso meio" (Neder, 1972a, p. 1), a Sociedade de Psicologia de São Paulo (SPSP) realizou o primeiro curso aberto ao público sobre relaxamento, que contou com 170 participantes, entre estudantes e profissionais da psicologia, medicina, terapia ocupacional, fonoaudiologia, fisioterapia e outros.

O conteúdo desse curso foi publicado no *Boletim de Psicologia* em 1969 (n° 57 e 58), reeditado em 1972. O único livro publicado com textos de Sándor[21] é, excluindo a apresentação da presidente da SPSP, uma reprodução desse boletim. Tal informação, no entanto, não aparece na publicação da Vetor.

---

[20] Entramos em contato com a Associação Beneficiente 30 de Setembro e com a Casa Húngara, instituições da comunidade húngara, para levantar essas informações, o que não foi possível. Conseguimos localizar os números antigos da *Gazeta Húngara*, na biblioteca do Mosteiro São Geraldo de São Paulo, dos quais examinamos exemplares publicados nas décadas de 1950 e 1960. Nesses encontramos uma única referência a Pethö Sándor, nas publicações dos dias 8 e 13 de março de 1953, quando ele comunicou sua mudança de endereço para a rua Augusta, 1840.
[21] Sándor, P.; Bonilha, L. C.; Ferreira, L. M.; Mauro, B. H. M.; Santis, M. I.; Simões, M. L. A; Yamakami, S. (1974).

Consta que há outros textos de sua autoria, até mesmo diversas traduções para o português de textos de Jung[22]. Sándor, porém, era contrário à publicação desses textos, o que contribuía para a imagem de "fechado" que havia em torno de sua pessoa.

A Sociedade de Psicologia de São Paulo, responsável pelas iniciativas mencionadas, tinha como presidente para o biênio 1969-1970 a dra. Mathilde Neder, professora do curso de Teoria e Prática de Psicoterapia Infantil no 5º ano de graduação do Curso de Psicologia da Faculdade de Filosofia, Ciências e Letras São Bento[23]. Ao avaliar o seu curso, a dra. Neder constatava "o grave problema de insuficiência de informação prévia dos alunos... Após os entendimentos necessários, professores de disciplinas relacionadas assumiram, embora parcialmente, responsabilidade de abordagens prévias, necessárias ao desempenho de nosso programa" (Neder, 1972b, cap. I-II). Em março de 1971, o dr. Pethö Sándor foi contratado pela Fundação São Paulo para dar aulas na Faculdade de Filosofia, Ciências e Letras São Bento, abordando as disciplinas de Integração Psicofísica e Psicologia Profunda. Nos anos seguintes, sua carga aumentou para trinta horas semanais e, gradativamente, passou a lecionar outras disciplinas, como: Teorias e Técnicas Psicoterápicas, Integração Psicofísica e Profilaxia, Reações Neuróticas, Psicologia do Adolescente, TTP Adulto e TTP Adolescente, Sono e Sonho e Reações Conflituais. Suas atividades no curso de graduação de Psicologia da PUC estenderam-se até 1975, conforme atesta sua carta de demissão de 17 de dezembro, que teria sido motivada por conflitos internos. Sándor sentira-se

---

[22] Parece que o grupo do Sedes, que segue o trabalho de Sándor, vem reunindo o material produzido por ele com intenção de publicá-lo.
[23] A PUC-SP, fundada em 1946, teve o seu Instituto de Psicologia criado em 1950, por Enzo Azzi, que criou também, na Faculdade de Filosofia, Ciências e Letras de São Bento dessa Universidade, em 1963, o curso de Psicologia, em seguida à regulamentação da profissão de psicólogo no país. À época da chegada de Sándor na PUC-SP, Enzo Azzi dirigia também a FFCL São Bento.

prejudicado na distribuição da grade horária das suas aulas. Além disso, havia certa divergência política no corpo docente da Faculdade, entre a visão de alguém que deixou seu país invadido por tropas russas e uma perspectiva de esquerda que predominava em alguns grupos identificados com a luta contra a ditadura militar de direita que governava o país, conforme comentaram pessoas que conviveram com Sándor nesse período. Esse episódio não significou, entretanto, o afastamento de Sándor da PUC, já que nesse ano de 1975 teve início o Curso de Especialização em Psicoterapia de Crianças e de Adolescentes[24] nessa instituição, sob a coordenação de Mathilde Neder.

O curso de especialização, que tinha como objetivo a formação teórica e prática de psicoterapeutas de crianças e de adolescentes, abordava diferentes linhas teóricas da psicologia: análise transacional, *Gestalt*, psicanálise, psicodrama e psicologia analítica. Para essa última o programa contava com dois professores: Maria Isabela de Santis e Pethö Sándor. Inicialmente programado para dois anos, esse prazo foi ampliado para três anos em 1977, quando o programa recebeu sua terceira turma. Na ocasião, Sándor já ocupava o cargo de subcoordenador do curso. Seu nome aparece entre os professores até 1980, quando ele se desligou da instituição.

Sua passagem pela PUC influenciou a constituição de um dos principais centros de formação junguiana das universidades brasileiras. Os cursos de psicologia analítica ministrados na pós-graduação e na graduação da PUC-SP são muito respeitados pela qualidade de seu corpo docente. Dessa instituição saíram muitos profissionais que têm atuação destacada na comunidade junguiana nacional e internacional[25]. E o curso de pós-graduação da PUC-SP

---

[24] Informações constam no documento "Planejamento do Curso de Especialização em Psicoterapia de Crianças e de Adolescentes", arquivado na Secretaria Geral de Registro Acadêmico – Segrac, da PUC-SP.
[25] A coordenadora do Núcleo de Estudos Junguianos do Programa de Estudos Pós-graduados em Psicologia Clínica da PUC-SP, dra. Denise Ramos, estudou com Sándor

foi o primeiro de psicologia analítica, em nível de mestrado e doutorado, tendo iniciado suas turmas em 2003.

Ao deixar a PUC, Sándor passou a se dedicar mais intensamente ao Instituto Sedes Sapientiae, onde já participava de atividades ligadas à psicomotricidade e onde também havia o curso de Terapia Psicomotora. Esse curso vinha sendo dado na Faculdade de Filosofia, Ciências e Letras Sedes Sapientiae desde os anos 1960 e, após a fusão com a PUC-SP, continuou a ser lecionado na Faculdade São Bento, assim como se criou uma modalidade de especialização no novo Instituto Sedes Sapientiae. Após alguns anos de existência, esse programa de especialização optou pela orientação junguiana entre as diferentes abordagens psicológicas representadas por seus professores, "uma linha de psicologia profunda que permite compreender o indivíduo naquilo que lhe é mais particular mas, ao mesmo tempo, inserindo-o como ser humano num contexto mais amplo e coletivo" (Instituto Sedes Sapientiae, 1998, p. 61). Em meio a esse processo de reformulação, o curso passou a "contar com o dr. Pethö Sándor como professor convidado" (Bittencourt, 2001, p. 8).

No curso de Terapia Psicomotora, Sándor criou a disciplina Cinesiologia Psicológica, que se tornou um programa independente em 1984. Dele se originaram diversas outras atividades, entre as quais dois cursos oferecidos pelo Sedes em nível de especialização: Cinesiologia Psicológica – Integração Psicofísica e Psicoterapia Junguiana Coligada a Técnicas Corporais. O primeiro tem entre seus professores o neto de criação de Sándor, János Andreas Geöcze. Parte do grupo ligado a esse curso lançou, em 1996, a revista *Hermes*, com o objetivo de "propiciar um espaço

---

e fez parte do grupo que lecionou no Curso de Especialização coordenado pela dra. Neder. Entre outras atividades, atualmente é professora da PUC-SP e foi vice-presidente da IAAP – International Association for Analytical Psychology, no período 2001-2004.

informal para a expressão de novas ideias, interesses e possíveis desenvolvimentos do processo de estudos e trabalho compartilhado no Instituto Sedes Sapientiae" (Curso de Cinesiologia do Instituto Sedes Sapientiae, 1996, p. 5). O grupo ligado ao outro curso de especialização mencionado publica anualmente a revista *Jung e Corpo*, desde 2001, quando se iniciaram encontros anuais de alunos e ex-alunos, como o IV Encontro "Jung e Corpo", que reuniu cerca de 180 participantes em 25 de setembro de 2004.

Os cursos mencionados, assim como outras atividades atualmente oferecidas pelo Instituto Sedes Sapientiae, foram desdobramentos dos trabalhos que Sándor desenvolvia e que, após seu falecimento, foram assumidos por diversos profissionais que mantinham estreita colaboração com ele.

Sándor e sua companheira Maria Luíza Simões tinham um sítio em Pocinhos do Rio Verde, perto de Poços de Caldas (MG), para onde iam desde o fim dos anos 1970, quando tomavam o ônibus às sextas-feiras à tarde, voltando no domingo, rotineiramente por muitos fins de semana. Nos meses de julho e janeiro, as estadas no sítio alongavam-se. E naquela passagem de 1991 para 1992 não foi diferente, exceto pelo fato de Sándor ter notado a presença de Saturno em determinado local de seu mapa astral, indicando profundas transformações para aquele janeiro que se aproximava. Foram para Pocinhos perto do Natal e, segundo Maria Luíza, passaram cinco semanas maravilhosas. Sándor estava trabalhando em um texto em que fazia reflexões que relacionavam Santo Inácio e Jung. Na noite de 27 de janeiro foi deitar-se um pouco mais cedo do que de costume, alegando certo cansaço. No dia seguinte, uma terça-feira, Pethö Sándor não atendeu ao chamado de Maria Luíza para o café da manhã. Faleceu vítima de problemas cardiovasculares. Em meio à tristeza e à surpresa diante do fato, uma frase veio ao pensamento de sua companheira: "Quando o coração chora pelo que perdeu, o espírito ri pelo que encontrou".

111

Apresentaremos no Anexo 3 alguns frutos da semeadura deste pioneiro da psicologia analítica no Brasil.

Léon Bonaventure

Léon Bonaventure, belga, foi padre, é doutor em psicologia, membro da Sociedade Internacional de Psicologia Analítica, formado pela *École Pratique des Hautes Études*, Paris e pelo Instituto de Filosofia e Psicologia de Louvein onde esteve no fim dos anos 1950, quando já havia deixado a batina. Pouco depois esteve em Zurique, frequentando o Instituto C. G. Jung indo, em seguida, para a França fazer seu doutorado na Sorbonne (Paula; Alves; Furletti, 2002[26], p. 4; Kirsch, 2000, p. 195). Lá conheceu Jette Ronning, dinamarquesa cujos pais moravam no Brasil, onde tinham uma empresa farmacêutica. Jette já havia passado pela PUC-SP quando veio para o Brasil, em 1964, cuidar da cadeira de psicologia do desenvolvimento a convite de Enzo Azzi, diretor do Instituto de Psicologia da Faculdade de Filosofia Ciências e Letras de São Bento – PUC-SP. Jette havia formado-se em filologia românica pela Universidade de Copenhague e em Psicologia

---

[26] Entrevista publicada no *Jornal Sonhos n° 18*, cujo arquivo eletrônico foi gentilmente cedido pelo editor Fernando Rocha Nobre

pela Sorbonne, onde estudou com Piaget. A prisão de colegas seus durante o início do golpe militar no Brasil no ano de sua chegada fez que Jette voltasse para a Sorbonne para fazer seu doutorado (depoimento pessoal, 5/11/2004).

Casaram-se e em 1967 tomaram o navio com destino ao Brasil. Durante o tempo de escala no Rio de Janeiro, Léon teve seu "primeiro encontro com o Brasil ao visitar a dra. Nise da Silveira" (Bonaventure, 2001, p. 122), de quem já ouvira falar quando esteve na Suíça, como "uma psiquiatra muito considerada pelo próprio dr. Jung que a tinha elogiado pelo seu grande valor" (Bonaventure, 2001, p. 122). O casal Bonaventure veio morar em São Paulo, onde Jette retomou algumas atividades na PUC-SP com o professor Gaudêncio. Interessada em Jung, foi fazer análise no Rio de Janeiro com Carlos Byington, analista formado pelo Instituto C. G. Jung de Zurique.

Léon iniciou sua carreira profissional, como analista junguiano em São Paulo, dando palestras no Hospital das Clínicas da Faculdade de Medicina da USP e na PUC–SP. Em dois meses seu consultório estava lotado, apesar da pouca familiaridade com a nossa língua (depoimento pessoal, 4/11/2004).

Léon Bonaventure investiu em diversas iniciativas para divulgar a psicologia analítica em seu novo país. Em 1972 foi responsável pelo lançamento do terceiro livro de Jung traduzido para o português, *Fundamentos da psicologia analítica*[27]. Essa publicação daria início à tradução, no Brasil, dos dezoito volumes das *Obras completas* de C. G. Jung, pela Editora Vozes, sob responsabilidade da comissão formada por dr. Léon Bonaventure, dr. Leonardo Boff, Dora Mariana Ribeiro Ferreira da Silva e dra. Jette Bonaventure.

Em 1975, Léon coordenou a organização das comemorações ao centenário do nascimento de Jung, em São Paulo, patrocinado

---

[27] Traduzido por Araceli Elman, com prefácio e introdução de Léon Bonaventure, publicado pela Editora Vozes.

entre outros pelo Consulado Geral da Suíça em São Paulo. Essa comemoração representa um marco importante na psicologia analítica no Brasil, pois congregou publicamente, pela primeira vez, em um evento, diversos brasileiros que vinham se dedicando aos estudos da obra de Jung, entre eles um grupo de analisandos de Léon que assumiu a maior parte das palestras do evento.

Dele participaram ainda pessoas ligadas ao Museu de Imagens do Inconsciente, à Casa das Palmeiras. Contou ainda com a participação de Carlos Byington, que foi, então, convidado pelo grupo paulista que fazia análise com Léon, para coordenar seminários de estudos sobre psicologia analítica (Museu de Arte de São Paulo, 1975).

Pouco tempo depois vieram ao Brasil, a convite de Bonaventure, alguns junguianos do Instituto de Zurique, com o objetivo de dar palestras, supervisões e incrementar o contato entre os junguianos dos dois países. O primeiro foi Robert Stein de Los Angeles; em seguida veio o presidente da Sociedade Internacional de Psicologia Analítica (IAAP), Adolph Guggenbühl-Graig de Zurique (Sociedade Brasileira de Psicóloga Analítica, 1983).

O grupo de analisandos de Léon havia se ampliado com a entrada de alguns profissionais brasileiros que estudaram psicologia analítica no exterior, quando começaram as conversas para a fundação de uma instituição junguiana em nosso país. O projeto inicial de Léon era criar um instituto de formação de analistas aberto a diversos profissionais, o que recebia objeções de Byington que defendia a restrição da função de analista a psicólogos e psiquiatras. Esse conflito acirrou-se de tal forma que tornou impossível a convivência dessas duas lideranças, culminando em um rompimento, com o afastamento de Bonaventure do grupo criado por ele. Esse grupo[28], sob a liderança de Byington, veio a fundar, em março de 1978, a Sociedade Brasileira de Psicologia Analítica, a primeira instituição brasileira voltada ao ensino e à formação de analistas junguianos reconhecida pela IAAP (Motta, 2003b).

Esse processo de formação da SBPA foi conflituoso e desgastante, tendo deixado marcas profundas nos envolvidos. Possivelmente foi essa uma das motivações para que Bonaventure voltasse para a Bélgica onde permaneceu por alguns anos. Em seu retorno para o Brasil, adotou uma conduta mais reclusa que mantém até de hoje.

Quando iniciamos esta pesquisa, havia uma expectativa em relação a Bonaventure, por ser ele o único dos que consideramos pioneiros que está vivo. Seria uma oportunidade de poder ouvir parte da história da psicologia analítica no Brasil diretamente de um dos seus protagonistas. Entretanto, Bonaventure ainda mantém sua reclusão e não se dispôs a atender nossa solicitação. Sua alegação se baseou na falta de tempo e de energia de uma pessoa de sua idade para atender a todas as solicitações que chegam para ele. Em relação às perguntas que lhe enviamos, disse que já haviam sido feitas inúmeras vezes, porém ele nunca

---

[28] O grupo de fundadores da SBPA é composto por: Carlos Amadeu Botelho Byington (RJ), Carlos Roberto Martins Lacaz (SP), Frederico Lucena de Menezes (SP), Glauco José Rizzardo Ulson (SP), Iraci Galiás (SP), José James de Castro Barros (MG), Maria de Lourdes Felix Gentil (SP), Mery Rosemblit (SP), Nairo de Souza Vargas (SP) e Walter Fonseca Boechat (RJ).

se dispusera a respondê-las. Solicitou igualmente à sua esposa que não se manifestasse sobre o assunto.

Os poucos dados de que dispomos sobre Bonaventure nos levam a confirmar sua condição de pioneiro da psicologia analítica no Brasil, porém não permitem que tenhamos condições de atender aos objetivos que propusemos para esta pesquisa. Podemos, quando muito, especular sobre a pessoa de Bonaventure o que, entretanto, não condiz com o caráter desta pesquisa. Muito menos estaria de acordo com o respeito que dedicamos a essas pessoas, as quais procuramos conhecer um pouco mais para satisfazer nossa curiosidade sobre o tema. Pesa ainda a posição de Bonaventure em não querer abordar o assunto, pelo menos por agora, conforme sua última resposta a uma de nossas solicitações:

> Prezado Sr. Arnaldo,
> A expressão brasileira "Se Deus quiser" tem para mim a mesma densidade e profundidade que para o homem brasileiro.
> Eu aprendi com o homem do campo que o pior que se pode fazer é querer interferir. Existe um tempo para tudo que simplesmente tem de ser respeitado.
> Atenciosamente,
>
> Léon Bonaventure. (Comunicação pessoal, 23/11/2004)

Um pesquisador interessado em pessoas não poderia ignorar tal solicitação. Assim, decidimos que o pioneiro Léon Bonaventure não será contemplado em nossas considerações finais mesmo que possamos citá-lo quando necessário. Relacionaremos no Anexo 4 informações obtidas sobre suas iniciativas em nosso país.

4

Algumas considerações

Após discorrer sobre aqueles que consideramos os pioneiros da PA no Brasil é o momento de retomarmos nossas perguntas iniciais para verificarmos até que ponto foram contempladas. Qual é a história da psicologia analítica no Brasil? Há estudos/ pesquisas nessa área? Como se constituiu essa área em nosso país? Quem são seus pioneiros? Como eles entraram em contato com a PA? Quais foram suas contribuições para a constituição e o desenvolvimento da PA no país? Em que contexto tais contribuições ocorreram?

A história de uma disciplina não pode ser relatada. Tal afirmação pode parecer desestimulante como conclusão de um trabalho, mas tem como base a compreensão de que a história é uma obra de autoria, sendo seu autor uma pessoa com vontades, desejos e motivações particulares, que estarão impregnados em seu objeto de trabalho. Além disso, o historiador existe em um tempo e lugar que marcam sua existência e, consequentemente, suas realizações. Assim, não devemos falar da história da psicologia analítica no Brasil, mas de uma história produzida por este autor, neste ano de 2005, em São Paulo. Temos consciência das limitações e das possibilidades de nosso trabalho, que representa uma contribuição para a história da psicologia analítica no Brasil.

Durante a pesquisa, constatamos que esse é um campo que não recebeu quase nenhuma atenção, seja dos psicólogos junguianos, seja dos historiadores da psicologia, os quais parecem ignorar a existência dessa disciplina em nosso país, uma vez que não incluem em seus trabalhos a perspectiva junguiana entre as escolas de psicologia no Brasil.

Afirmar que a psicologia analítica chegou ao Brasil através da psiquiatria seria o mais lógico, afinal esse foi o campo de atuação do seu idealizador. De fato, o trabalho de Artur Ramos, de 1926, já continha referências aos conceitos desenvolvidos por Jung. Sabemos, no entanto, que uma escola normal de São Paulo abordava teorias de psicologia da personalidade através de Freud, Adler e Jung já nas décadas de 1930-1940 (Lima, 2003, p. 59-60, *apud* Mastrobuono, 2004, p. 108-109), o que exige certa cautela quanto a esse ponto. Porém, tal tipo de preocupação, apesar de sua pertinência, não foi nosso objetivo. Nossa intenção foi localizar o momento de constituição dessa disciplina como um campo que conjuminasse o estudo, a prática e a disseminação de seu conteúdo, vinculados a um ator que pudesse ser considerado sujeito desse conjunto de ações. Foi então que chegamos, de um lado, ao Centro Psiquiátrico Pedro II em Engenho de Dentro, na cidade do Rio de Janeiro. Já em São Paulo, de outro, as indicações apontaram para a PUC-SP e para a Escola Paulista de Medicina.

O Centro Psiquiátrico D. Pedro II foi um importante espaço de pesquisa e estudo dos fenômenos da mente, suas perturbações e modalidades de tratamento: abrigou o Laboratório de Psicologia criado por Gustavo Riedel, em 1923, abrindo espaço para a perspectiva psicoterápica em um reduto da psiquiatria, ao mesmo tempo em que absorveu os avanços das terapias biológicas e dos métodos convulsivantes dos anos 1930-1940. Da mesma forma, ali chegaram os recursos da terapêutica ocupacional em meados da década de 1940. Ou seja, aportaram e conviveram, nesse centro psiquiátrico, áreas muitas vezes conflitantes entre si, mas que tinham em comum a sintonia com o que de mais atual se produzia em outros centros de pesquisa no mundo. Pode-se afirmar que essa instituição favorecia o exercício da experimentação e da criatividade de seu corpo profissional. Além disso, o Brasil vinha passando por mudanças importantes, seja na forma de exercício do poder, seja nas bases da economia, seja ainda no olhar que a antropologia e as artes dirigiam ao país. Foi nesse contexto que germinou o trabalho de Nise da Silveira.

Em São Paulo, nos anos 1960, muitas das novidades anteriormente descritas já estavam sedimentadas. A psicanálise havia fundado sua primeira associação em 1927. Já tinha, igualmente, presença efetiva nas universidades, tendo chegado à sua primeira cátedra psiquiátrica, possibilitando alternativas aos futuros psiquiatras que não se satisfaziam com postulados tradicionais dessa área. Conquistado esse espaço institucional, alguns estudantes passaram a querer conhecer um pouco mais os dissidentes da teoria freudiana.

A segunda metade dos anos 1960 foi tempo de intensos protestos contra a ditadura militar no Brasil. Também se fazia presente o movimento *hippie*, que trouxe consigo, entre outras coisas, as drogas como forma de libertação e de contato introspectivo, além das perspectivas orientais que abordam os campos do objetivo e do subjetivo de maneira mais integrada que a visão ocidental. Em sintonia com tais aspectos, observou-se um movimento de busca do conhecimento pessoal interior. Nesse contexto as psicoterapias ganharam popularidade, em particular as abordagens da psicologia profunda, que trabalham com o conceito de inconsciente.

A PUC-SP já se caracterizava pela diversidade de linhas e abordagens em psicologia e seu curso de graduação, surgido com a regulamentação da profissão de psicólogo, recebeu em seu corpo docente, entre outros, Pethö Sándor, médico húngaro que imigrou para o Brasil, estudioso da psicologia analítica de Jung.

Paralelamente, na Escola Paulista de Medicina um grupo de estudantes de psiquiatria procurava em Jung respostas que a psicanálise parecia não fornecer. Encontraram Léon Bonaventure, analista belga com formação no Instituto C. G. Jung de Zurique, com quem passaram a se analisar.

A pesquisa que fizemos nos levou a três pessoas que nomeamos como pioneiros ou aqueles que foram os primeiros a desenvolver ações que resultaram na divulgação e na disseminação dos conceitos da psicologia analítica no Brasil, sem que tivessem tomado contato com alguma iniciativa prévia, com os mesmos propósitos, em nosso país.

Dos pioneiros elencados apenas um está vivo e, possivelmente em decorrência de seu próprio percurso na constituição da psicologia analítica no Brasil, optou por não abordar, pelo menos por enquanto, o assunto em questão. Tal posição fez que nos abstivéssemos de aprofundar considerações sobre Léon Bonaventure.

Antes, porém, de continuarmos, valeria a pena saber se nossos personagens estabeleceram ou mantiveram algum tipo de contato entre si.

Uma informação a esse respeito já foi mencionada, quando comentamos a chegada de Léon Bonaventure ao Brasil. Em artigo publicado na *Quatérnio*, Bonaventure conta que teve seu "primeiro encontro com o Brasil ao visitar a dra. Nise da Silveira" (2001, p. 122), em março de 1967. Alguns anos mais tarde, em 1975, esses dois pioneiros contribuíram significativamente para a organização do evento comemorativo do centenário do nascimento de Jung. No mesmo ano Bonaventure publicou outro artigo na revista do Grupo de Estudos C. G. Jung, fundado e coordenado por Nise da Silveira, no qual transparecem o reconhecimento e o respeito de Bonaventure pelo trabalho de Nise. Não temos informação, todavia, sobre menções de Nise ao junguiano belga, nem de Pethö Sándor, apesar de os dois terem frequentado a PUC-SP. Cabe lembrar, no entanto, que Sándor pouco publicou.

Segundo depoimentos, Sándor teria sido alvo de comentários de Bonaventure, que considerava o húngaro um psicoterapeuta e teria dito que, se ele e outros profissionais que lecionavam na PUC-SP quisessem ser analistas junguianos, precisariam se analisar. Provavelmente com o próprio Bonaventure, que se considerava o único nessa condição em São Paulo. Tal atitude seria um exemplo de que as relações entre os junguianos de São Paulo diferiam daquelas estabelecidas entre o belga e o grupo carioca, contribuindo para um distanciamento e a falta de diálogo entre esses dois pioneiros e seus respectivos grupos. Prova-o o fato de não constar o nome de Sándor, ou de alguém ligado a ele, na programação do evento em comemoração ao centenário do nascimento de Jung, organizado em São Paulo por Bonaventure.

Apesar disso, algumas pessoas ligadas aos dois pioneiros que atuaram em São Paulo iriam participar das primeiras atividades da SBPA, instituição que, como vimos, foi fundada a partir de um grupo de analisandos de Léon. Em uma dessas atividades, Pethö Sándor foi convidado a participar, mas declinou do convite.

Concluídas essas considerações sobre possíveis interações entre os pioneiros, seguiremos tecendo algumas reflexões sobre o material coletado.

Sobre Nise da Silveira encontramos razoável material publicado, além da colaboração de pessoas próximas à psiquiatra alagoana, assim como houve receptividade e abertura de pessoas que se relacionaram com Pethö Sándor, emobra o material disponível ao público a seu respeito seja restrito. Tal discrepância no material talvez se justifique em razão de Nise ter vivido até os 94 anos, enquanto Sándor faleceu mais moço, próximo dos 76 anos de idade. Esse argumento ganha força quando lembramos que boa parte do material biográfico sobre Nise da Silveira foi escrito quando ela estava por volta de noventa anos. Acreditamos, todavia, que essas questões perdem intensidade quando levamos em conta outros aspectos desses personagens.

Podemos verificar em Nise uma preocupação em divulgar seu trabalho, seja por intermédio das instituições que criou, seja através de suas publicações, seja de sua participação em eventos públicos como exposições, apresentações, congressos etc. O critério para a composição de seus grupos de estudo não deixa de ser um reflexo dessa postura. Assim relata Mello (2001, p. 17), estudante de engenharia na ocasião e que se tornaria um dos principais colaboradores do Museu de Imagens do Inconsciente:

> Nise sempre manteve aberto o Grupo de Estudos C. G. Jung. Qualquer pessoa podia frequentá-lo sem exigências. O meu primeiro contato com ela deu-se através das reuniões do grupo em sua casa, às quartas-feiras. Nunca havia conversado com ela, apenas assistia em silêncio.

A presença de pessoas sem formação "psi" em um grupo voltado para discussões sobre a doença mental pode parecer estranha, mas os grupos que se formaram em torno de Nise tiveram essa marca da diversidade. Saldanha (2001) apresenta o perfil do grupo de estudos e pesquisas do Museu de Imagens do Inconsciente, frequentado "não somente por profissionais e estudantes da área de saúde, como também por antropólogos, historiadores, artistas, professores, físicos, educadores e interessados nos processos que ocorrem na psique" (p. 21), entre esses "donas de casa e doentes mentais" complementa Ramos (2001, p. 30), ao falar também dos frequentadores do Grupo de Estudos C. G. Jung. É possível que tal diversidade não contribuísse para maior aproximação dos colegas médicos, sabidamente apegados ao espírito corporativo. A proposta desenvolvida na STO era pouco valorizada pela psiquiatria prevalente nas instituições da área, tanto que não foi através dela que o trabalho sobre imagens do inconsciente ganhou visibilidade. O que veio a público de forma mais evidente foi a produção do ateliê de desenho e pintura da STO, que causou forte impacto entre artistas. Esse fato, por outro lado, enfatizou apenas um aspecto da proposta de Nise, fazendo que, ainda hoje, a compreensão do significado de seu trabalho seja restrita, quando se considera seu real alcance.

Em São Paulo, Pethö Sándor dedicou pouca atenção à publicação de suas reflexões. Ele dizia que isso não tinha importância, o que não quer dizer que não escrevesse. Consta que existem diversos textos seus além dos encontrados no *Boletim de Psicologia* e depois publicados pela Vetor. Essa publicação mostra, inclusive, sua pouca preocupação com o público, uma vez que deixa de informar sua origem. Participar dos grupos de Sándor requeria sua aprovação, que poderia (ou não) se dar após o interessado aceitar as orientações estipuladas – algo traduzido por Maria Luíza Simões como o processo de "receber o passaporte". Sua atitude restritiva se fazia notar igualmente em eventos públicos, aos quais, se não estivessem de acordo com suas exigências, Sándor simplesmente não comparecia. Houve episódios em que chegou ao local apenas para se retirar em seguida, como em uma mesa-redonda cujos organizadores colocaram câmeras de filmagem para registrar o evento, contrariando seu convidado. Apesar de esse tipo de atitude ter contribuído para formar uma imagem polêmica de si, Sándor coordenava muitos grupos de estudo, com os quais mantinha uma relação afetiva e de investimento intelectual, bastante diferente daquela que cultivava com o público em geral.

Após seu falecimento, seus colaboradores montaram os cursos de especialização no Sedes, dos quais se originaram as revistas *Hermes* e *Jung e Corpo*, voltadas para a publicação de trabalhos alinhados com os ensinamentos de Sándor. Da mesma forma os textos traduzidos e outros escritos que circulavam apenas internamente nos grupos de estudo estariam sendo reunidos para uma futura publicação do "mestre" ou sobre ele.

O termo "mestre" reflete um aspecto da relação daqueles que estudaram com Sándor, mostrando que essa relação tinha algo de iniciática. Sándor dedicou-se ao estudo de textos esotéricos e a outros temas que não receberiam a aprovação do universo acadêmico. Ao estudar temas considerados místicos, Jung foi alvo de severas críticas, apesar de seus esforços em abordá-los a partir do método de pesquisa empírica baseado em sua prática como psiquiatra e analista e fundado em farta literatura. Além dos "fenômenos chamados ocultos", como se refere Jung (1993) ao objeto da sua tese de doutorado[1], o psiquiatra de Zurique privilegiou o estudo de imagens produzidas pela psique em suas formulações teóricas, através dos sonhos, delírios e imagens brotadas de uma técnica chamada de imaginação ativa[2], que consiste em estimular o surgimento de imagens em pacientes para analisá-las no contexto psicoterápico. A calatonia, método desenvolvido por Sándor, consiste exatamente na busca de compreensão das imagens surgidas a partir de um estado de relaxamento provocado por uma sequência de leves toques em determinadas áreas do corpo. A psicologia analítica de C. G. Jung veio a fornecer uma teoria que permitiu a Sándor uma leitura mais integrada e consistente de sua inusitada prática durante os anos em que viveu na condição de refugiado de guerra e que veio a aprimorar e conceituar após sua chegada ao Brasil, "onde houve possibilidade de estudar as pesquisas mais recentes [...], ao mesmo tempo em que se acumulou bastante material de ordem psicológica, reforçado, aqui no Brasil, por aqueles colegas que adotaram o método, particularmente na psicologia" (Sándor, 1972c, p. 93).

No início dos anos 1970, Sándor já mantinha diversos grupos de estudo sobre psicologia analítica. Uma das participantes, que se tornaria importante colaboradora sua, viria a elaborar o primeiro trabalho acadêmico sobre a prática da calatonia. Santis (1976) dá o título *O discurso não verbal do corpo no contexto psicoterápico* para sua

---

[1] O título é *Sobre a psicologia e patologia dos fenômenos chamados ocultos*.
[2] Jung utilizou esse termo em 1935 (Samuels; Porter; Plaut, 1988).

dissertação, defendida no Departamento de Psicologia da Pontifícia Universidade Católica do Rio de Janeiro. A autora afirma: "As técnicas de abordagem corporal por nós propostas possuem o denominador comum de levar o paciente a um estado hipnoide", concluindo que tais técnicas em geral e "o relaxamento calatônico em particular [revelam-se] um instrumento válido para ser utilizado dentro do contexto psicoterápico em um trabalho de profundidade" (Santis, 1976, p. 143).

Se o rebaixamento do nível de consciência é a porta que se abre para o surgimento de imagens que servem como material de trabalho na técnica desenvolvida por Sándor, é justamente esse ponto que suscita ressalvas a seu método. Samuels, Shorter e Plaut (1988) apresentam comentários de Jung sobre riscos psicológicos que o rebaixamento do nível de consciência envolve: o processo pode se mostrar estéril caso o paciente permaneça preso ao círculo de seus próprios complexos; o paciente pode se iludir com o aparecimento das fantasias e ignorar a exigência destas por um confronto com a consciência; e os conteúdos inconscientes mobilizados, dotados de um nível de energia excessivo, tomariam posse de uma personalidade que não fosse capaz de administrá-los (p. 100). Sant'Anna (2001) comenta que o método de Sándor "é visto com ressalva por alguns profissionais, uma vez que ele permite induzir [...] estados psíquicos desestruturantes" (p. 127) em pessoas que não têm uma estrutura egoica capaz de abarcar o fluxo de imagens e fantasias promovido pela estimulação corporal. Sándor tinha consciência dessa possibilidade na aplicação de seu método, por isso enfatizava que, quando "usado por pessoas não adequadamente preparadas, pode causar resultados negativos, devido a inesperadas comutações neurovegetativas ou pela manipulação irresponsável do estado hipnoide que surge no decorrer usual [do relaxamento]" (1972, p. 4). O perigo de inundação do ego frágil é real, o que fez Jung desistir de dar continuidade a processos analíticos em pacientes que ele avaliava não terem uma personalidade compatível com as exigências da análise. Tais considerações são pertinentes e podem ser aplicadas a qualquer método de mobilização de conteúdos inconscientes, não implicando, portanto, demérito ao método aqui referido.

Diversos trabalhos publicados apontam para resultados positivos obtidos pela utilização prática da calatonia em casos clínicos, como em Santis (1976), em estudos mais recentes, como os de Arcuri (2004) e Campos (2004), em artigos publicados na revista *Hermes* e ainda Alves (2004), que apresenta seu trabalho na revista *Jung e Corpo*. Em alguns desses podemos conferir a prática do método proposto por Sándor (1972c) que, segundo ele, "possibilita uma afirmação e apresentação de problemas em forma de imagens, sequência delas ou cenas" (p. 108). As imagens calatônicas observadas "em séries apoiam a ideia de que representações de todas as categorias de imagens são realmente a linguagem do inconsciente" (1972c, p. 109).

A proposta de Sándor converge com a de Nise em relação à forma de abordar o conteúdo apresentado por seus pacientes. A diferença é que a calatonia propõe a expressão de imagens a partir da estimulação, pelo relaxamento, em pacientes com o ego integrado (não temos conhecimento de trabalho de calatonia com quadros psicóticos), ao passo que Nise trabalha com imagens que brotam nos ateliês frequentados por pessoas com graves distúrbios psicóticos, sem outro estímulo além do material expressivo e da presença do monitor, conforme ela reitera em vários momentos. Ou seja, se em relação à técnica de toques corporais há o perigo de estimular material inconsciente além da capacidade de elaboração egoica, no caso do trabalho em Engenho de Dentro a questão é outra. Ali se deve criar condições para que a pessoa que tem a consciência inundada pelo inconsciente sem qualquer controle desenvolva alguma possibilidade de elaboração do material expresso.

Não sabemos como Sándor chegou à formulação do trabalho com séries de imagens. Pode ser que tenha sido através de Jung ou mesmo do trabalho desenvolvido por Nise, embora não tenhamos informações sobre o relacionamento entre ambos. A fundadora do Museu de Imagens do Inconsciente, por outro lado, não deixa dúvidas quanto à origem do seu método, baseado no trabalho de Jung com séries de sonhos, apresentado em *Psicologia e alquimia* (1991). Como vimos, essa foi a primeira chave que Nise recebeu do autor da psicologia analítica, fornecendo o caminho para a compreensão do material produzido pelos frequentadores da STO.

A segunda chave veio alguns anos mais tarde, quando Nise teve seu primeiro encontro privado com Jung, ocasião em que ele lhe recomendou o estudo da mitologia. Foi através do material mitológico que Nise conseguiu desvendar o conteúdo das séries de imagens sobre as quais vinha se debruçando há anos. O resultado dessa conjugação foi a elaboração de um método que permite uma interlocução com o mundo interno de pessoas sistematicamente ignoradas há séculos em suas formas de expressão, dadas as características absolutamente distintas do discurso racional, que privilegia o uso da palavra como forma de expressão. Tais pessoas, ao receberem o diagnóstico de esquizofrênicas, passam a carregar o peso do prognóstico fechado dos quadros cuja única perspectiva é a evolução mórbida. O trabalho de Nise rompe com a visão da psiquiatria tradicional, na medida em que aponta para uma possibilidade de diálogo com pessoas que apresentam distúrbios psíquicos graves. O trabalho desenvolvido na STO contradiz ainda um importante esteio dos diagnósticos de psicose e esquizofrenia no que diz respeito à capacidade de vinculação afetiva inerente a esses quadros. Mesmo Freud (1976, p. 520) afirmava a incapacidade para a transferência de portadores de neuroses narcísicas, nome dado por ele aos quadros psicóticos, lembrando que sua técnica é baseada na linguagem verbal e que sua experiência com esse tipo de paciente foi restrita.

Diferentemente de Freud, Jung teve sua formação clínica em um hospital psiquiátrico, onde viveu entre 1900 e 1909. Na tentativa de compreender seus pacientes, observou que a linguagem dos esquizofrênicos tinha estreita correlação com material mitológico, levando-o a formular o conceito de inconsciente coletivo. A carta que recebeu do Brasil em 1954 oferecia-lhe farta comprovação de sua teoria, o que colaborou para despertar seu interesse pelo trabalho inovador de Nise da Silveira. As duas importantes contribuições de Jung ao trabalho de Nise, que deram consistência conceitual à prática de Engenho de Dentro, são, por outro lado, aspectos que recebem questionamentos, como o de Sant'Anna:

> Por vezes esse enfoque privilegia uma atitude estética em relação à atividade imagética em detrimento da dimensão terapêutica dessa abordagem [...]. Frequentemente parecem ocorrer dois processos paralelos: processos exuberantes das imagens no inconsciente e consciência de certo modo permanentemente inalterada. Os relatos de melhora no estado psíquico dizem respeito mais à diminuição da intensidade do fluxo imagético [...] do que à integração dos conteúdos ativados na crise psicótica [...] (Sant'Anna, 2001, p. 125)

Tais ponderações refletem uma das preocupações centrais de Nise, o enfoque estético dado às pinturas produzidas na STO. Possivelmente ela tinha consciência de que o caminho pelo qual seu trabalho ganhou visibilidade pública deixou marcas na maneira como as pessoas compreenderam sua proposta. Nise começou mostrando seu trabalho com o que considerou mais precioso na produção da STO, que foram as imagens pintadas pelos pacientes. Foram estas que chamaram a atenção do jovem pintor Almir Mavignier, funcionário burocrático do Centro Psiquiátrico, que pediu transferência para a STO quando Nise estava iniciando suas atividades. Mavignier trouxe o crítico de arte Mário Pedrosa e foi então promovida a primeira exposição das pinturas feitas no ateliê de terapêutica ocupacional, após alguns meses de funcionamento. Apesar de Nise insistir que seu trabalho era a pesquisa científica e não a busca por uma produção artística, é difícil negar o impacto que as imagens causam no observador, sobrepondo-se a qualquer elaboração conceitual ulterior. Essa só pode surgir depois de uma reflexão aprofundada a partir das imagens.

Uma tentativa de leitura desse material se expressa na trilogia dirigida pelo cineasta Leon Hirszman[3] (1986a, 1986b, 1986c), em que são apresentados os percursos de três pessoas que frequentaram a STO. Os textos de Nise da Silveira, narrados nos filmes, referem-se à vida e ao histórico clínico de cada personagem, ao mesmo tempo que enfocam relações com o material mitológico (amplificação) que as imagens pintadas sugerem. Esse exemplo não confirma a observação de Sant'Anna quanto à pouca atenção ao percurso terapêutico dos pacientes aos cuidados de Nise, apesar de concordarmos com a ênfase sobre o aspecto estético que o seu trabalho recebe de modo geral.

Um aspecto abordado por Sant'Anna (2001) sobre a inalteração da consciência dos pacientes que extravasam suas imagens por meio da pintura não é observado nos registros fílmicos de Hirszman. Neles os depoimentos dos pacientes contêm razoável lucidez sobre suas condições objetivas. O que não encontramos na trilogia, nem em boa parte do material publicado sobre o trabalho de Nise, são histórias com "final feliz" de pessoas que se curaram e não tiveram recaídas. As pessoas retratadas por Hirszman, por exemplo, chegaram à STO com histórias de longas

---

[3] Leon Hirszman (1937-1987) é um dos principais cineastas brasileiros contemporâneos. Dele destacam-se duas produções: *São Bernardo* (1973), baseado no romance de Graciliano Ramos e *Eles não usam black-tie* (1981), premiado no Festival de Veneza e seu último filme. A sua trilogia sobre o trabalho do Museu de Imagens do Inconsciente é composta por: a) *Em busca do espaço cotidiano* – Fernando Diniz; b) *No reino das mães* – Adelina Gomes e c) *A barca do sol* – Carlos Pertuis.

internações[4]. Não podemos minimizar a gravidade dos quadros tratados por Nise da Silveira, que apresentam inúmeras dificuldades de convivência com o "mundo normal".

Tratar desses casos implica preocupação com o desenvolvimento de ferramentas de convívio dessas pessoas com o coletivo no qual são estigmatizadas. Não que essa não fosse uma preocupação da STO, como mostra, por exemplo, a mudança de nome da seção, que em 1961 passou a se chamar Seção de Terapêutica Ocupacional e Reabilitação (STOR), curiosamente um dos últimos decretos de Jânio Quadros antes de renunciar à presidência da República. A nova designação atualizava uma prática existente em Engenho de Dentro, a de investir em movimentos de seus frequentadores em direção ao mundo externo. A STO era composta por diversos núcleos além dos expressivos. Havia os espaços voltados para atividades sociais, os que envolviam iniciativas culturais e, ainda, outros que focavam a atividade profissional. Foram montadas barracas para a venda de produtos feitos pelos pacientes nas feiras próximas ao hospital, além do salão de beleza, "onde eram usados recursos fortalecedores do ego" (Silveira, 1992, p. 18). Outra iniciativa que mostra a preocupação com o mundo externo no trabalho de Nise da Silveira é a fundação, em 1956, da Casa das Palmeiras, com funcionamento nos dias úteis em regime de externato, uma proposta totalmente inovadora no trato de pacientes graves.

> A tarefa principal da equipe técnica da Casa das Palmeiras é permanecer atenta ao desdobramento fugidio dos processos psíquicos que acontecem no mundo interno do cliente através de inúmeras modalidades de expressão. E não menos atenta às pontes que ele lança

---

[4] Adelina chegou à STO em 1946 já com nove anos de internação. Carlos Pertuis foi internado em 1939.

em direção ao mundo externo, a fim de dar-lhes apoio no momento oportuno. (Silveira, 1992, p. 21)

A citação retrata a preocupação quanto aos domínios do mundo externo, porém deixa claro que o trabalho de Nise prioriza os aspectos intrapsíquicos.

O foco no mundo interno revela algo talvez surpreendente para alguém que, como Nise, foi vítima da prisão política e tinha toda uma bagagem marxista, com suas noções de ideologia e relações de exploração. Apesar dessas vivências, Nise não incorporou uma reflexão política à sua prática, como fizeram Basaglia[5], na década de 1960 ou, antes ainda, Maxwell Jones[6], no início dos anos 1940, cujas experiências foram os primeiros passos "daquela que se tornaria a nova psiquiatria institucional comunitária, baseada em pressupostos de caráter essencialmente sociológico" (Basaglia, 1985, p. 110). Pode-se dizer que a polaridade interno/externo não é contemplada com igualdade na proposta de Nise, resultando em certa unilateralidade, que se faz notar em suas publicações. Ainda que o discurso político não ficasse evidente em seus textos, a postura política não deixou de estar presente, mesmo quando Nise já contava com idade avançada. Em 1991, aos 86 anos, declarou para Passetti (1992): "Eu não aceito o mundo dividido em classes!".

Ao contrário de Nise, usurpada em seus direitos pelo estado de exceção ideologicamente identificado com a direita, Pethö Sándor, o médico húngaro, foi submetido à situação de refugiado de guerra pelo fato de ter seu país invadido por um exército comprometido com ideais de esquerda. Esse momento teve significação marcante em sua vida, quando conviveu com privações

---

[5] Franco Basaglia, psiquiatra italiano, introduziu, nos anos 1960, transformações nas instituições de saúde mental de Gorizia e Trieste (Itália), como parte de um movimento conhecido como psiquiatria democrática.
[6] Psiquiatra inglês que constituiu proposta de comunidade terapêutica voltada ao tratamento de distúrbios mentais.

de diversas ordens, resultando daí suas primeiras experiências que deram origem à calatonia. A segunda passagem relevante para seu caminho foi a ida para o Sedes, momento ao qual Agnes Geöcze se refere como aquele em que Sándor "estourou", querendo dizer que a partir dessa mudança seu trabalho ganhou uma dimensão mais sólida e estruturada. Apesar de ter tido um período marcante de sua vida determinado por motivações políticas, Sándor também não deu tal conotação à sua proposta terapêutica. Mesmo que sua saída da PUC-SP pudesse ser relacionada a conflitos com setores de esquerda, sendo ele contrário ao comunismo russo que se impôs na Hungria após a Segunda Guerra Mundial, provocando sua saída do país, Sándor foi estabelecer a base definitiva de seu trabalho no Instituto Sedes Sapientiae, inaugurado oficialmente em 13 de junho de 1977 e cujo embrião foi a

> [...] junção da abordagem psicológica teórica e prática, com a militância política de esquerda [...] [tendo seus objetivos] assim expressados: o Instituto Sedes Sapientae pretende constituir-se num instrumento de ação educadora junto à população na luta pela libertação, ao mesmo tempo em que procurará oferecer aos diversificados setores das disciplinas científicas que acorrem ao Instituto, oportunidade de exercer visão crítica cada vez mais aguçada acerca das injustiças que denunciamos. (Sampaio, 1998, p. 69)

Não sabemos como Sándor se posicionava em relação aos objetivos do Instituto, onde seu trabalho ganhou um importante espaço institucional. Tendo em vista a história recente de seu país, poder-se-ia imaginar que não aceitasse o socialismo. Porém, se fosse assim, madre Cristina, a fundadora do Sedes, não lhe teria aberto as portas.

Assim, forma-se um quadro paradoxal: de um lado, Nise presa pela direita, por suas ideias esquerdistas. De outro, Sándor, alijado de seu lar pelas tropas russas, fazendo-o condenar as práticas da esquerda, e que encontrou lugar para desenvolver seu trabalho em uma instituição claramente identificada com ideais socialistas. Como o trabalho de ambos pôde convergir para uma mesma vertente teórica? A proposta da psicologia analítica seria apolítica? Poderia haver uma separação entre ações voltadas para o mundo interno e para o externo, sendo que as primeiras não estariam sob a influência da política, apenas as segundas? Esse não parece ser o ponto, já que traria o pressuposto de que o homem só é político quando suas ações se dão no mundo exterior, sem qualquer relação com o que se passa internamente em sua pessoa. Tal pressuposto, convenhamos, é difícil de sustentar, pois sabemos que não existe uma prática isolada de intenções e resultados, mesmo com a observação de uma dificuldade de equilíbrio na ênfase das ações intra e extrapsíquicas presente, por exemplo, no trabalho de Nise. Apesar de o tema ser polêmico – o que certamente merece um aprofundamento futuro – não devemos deixá-lo totalmente em aberto.

Castoriadis[7] pode fornecer algum subsídio ao possível paradoxo entre o posicionamento político de Nise e de Sándor e a prática de ambos, além da eventual dissociação entre externo e interno. Segundo Sader (1983), "o que há nele [Castoriadis] é a retomada radical da questão formulada por Marx, da unidade entre o pensamento e a ação, ou ainda, a reconstituição da unidade perdida entre a filosofia e a política" (p. 8). Criticando a Revolução Soviética e, consequentemente, o marxismo, base desse processo, o pensador grego diz:

---

[7] Cornelius Castoriadis (1922-1997), filósofo e psicanalista grego e um dos fundadores do grupo "Socialismo ou barbárie", que publicou uma revista com esse nome na França entre 1949 e 1965.

Ao contrário do que pensavam os marxistas (e às vezes o próprio Marx), a "posse da verdade" tomada num sentido "absoluto", portanto mítico, nunca foi nem é o pressuposto da revolução e de uma reconstrução radical da sociedade; a ideia de uma tal "posse" não é somente intrinsecamente absurda (implicando a conclusão deste projeto infinito), mas profundamente reacionária, porquanto a crença numa verdade acabada e adquirida em definitivo (e portanto possível por alguém ou por alguns) é um dos fundamentos da adesão ao fascismo e ao stalinismo. (Castoriadis, 2000, p. 54)

O trecho citado supera uma aparente contradição que pode haver entre direita e esquerda, quando ambas, ao buscar afirmar seu respectivo projeto, tentam se apropriar da "verdade". O mesmo autor supera também a suposta separação entre interno e externo ao propor seu projeto de autonomia para o sujeito que "encontra em si próprio um sentido que não é o seu e que tem de transformá-lo, utilizando-o" (Castoriadis, 2000, p. 130) e tal projeto "conduz diretamente ao problema político e social [...] [pois] não podemos desejar a autonomia sem desejá-la para todos e sua realização só pode conceber-se plenamente como empreitada coletiva" (p. 129).

Com Castoriadis reencontramos o ponto de união entre Nise e Sándor, agora despojado de aparentes contradições, já que o conceito de autonomia não se restringe a uma discussão rasa sobre a postura política da direita ou da esquerda, havendo entre as duas a possibilidade de ocuparem o mesmo lugar quando pretendem colocar-se como a verdade.

Retomando o elemento comum aos dois pioneiros da PA no Brasil, que encontraram em Jung uma base conceitual satisfatória para a compreensão das imagens analisadas em série, devemos lembrar que, para a psicologia analítica, tais imagens se expressam segundo uma finalidade: o processo de individuação. Tal meta é definida por Jung (1976) como

[...] um processo de diferenciação cujo objetivo é o desenvolvimento da personalidade individual [...]. Como o indivíduo não é apenas um ser singular, pressupondo-se também relações coletivas em sua existência, o processo de individuação não leva ao isolamento, mas a uma consistência coletiva mais intensa. (p. 525-526)

O paralelo entre Jung e Castoriadis reside na ideia do indivíduo que busca ativamente uma maneira própria de estar no mundo, o que exige um diálogo e um questionamento constantes entre pessoa e coletivo, de modo que ambos possam estar em contínua transformação e desenvolvimento. Mesmo que Jung não tenha dado a mesma ênfase que Castoriadis ao aspecto político de sua proposta, tal aspecto não deixa de estar sugerido como implicação do processo de individuação. Pensando dessa forma, parece mais coerente o percurso político de Nise e de Sándor, que seguem por vertentes diversas e confluem para uma prática baseada em pressupostos comuns, pautados na expressão e na vivência dos caminhos e atributos peculiares de cada um.

Assim, a prática profissional dos dois pioneiros é muito coerente com o percurso pessoal de cada um, até para serem chamados de pioneiros. Esse papel, afinal, tem um preço a ser pago no caminho de vida dos personagens. Tanto Sándor como Nise têm seus momentos decisivos a partir dos quais assumem suas lutas e seguem em frente para se defrontar com diversos desafios, que os impulsionam a realizar sua obra.

Não resta dúvida de que as propostas dos dois pioneiros convergem para a psicologia junguiana. Porém suas respectivas práticas apresentam características peculiares que refletem a criatividade pessoal de cada autor e que não existem em outro lugar, a não ser como decorrência do percurso dos dois pioneiros. Nesse sentido, parece possível afirmar que as contribuições pioneiras de Nise da Silveira e de Pethö Sándor não se restringem à introdução e à divulgação da psicologia analítica no Brasil. De fato, contribuíram com modalidades de aplicação dos conceitos junguianos de forma inovadora. Mais do que isso, o método desenvolvido nos ateliês de Engenho de Dentro e a técnica da calatonia podem ser considerados legítimas contribuições para uma psicologia analítica brasileira. Não deve ser por outra razão que Lucchesi (2001) apresenta ressalvas ao qualificativo "junguiano" para definir o trabalho de Nise. Isso poderia ser estendido a Sándor. Nada mais justo. Afinal, após analisar o percurso pessoal e profissional de cada um, só nos resta afirmar que Nise é Nise e Sándor é Sándor.

Para encerrar, abordaremos ainda duas das perguntas que balizaram o desenvolvimento de nossas considerações. Assim, os Anexos 2, 3 e 4 fornecem informações sobre o trabalho dos pioneiros que se relacionam com o panorama atual da psicologia analítica no Brasil. E constam do Anexo 5 informações complementares sobre a disciplina em nosso país.

Conclusão

Sexta-feira da Paixão, dia de sacrifício. Parece um bom momento para a difícil tarefa de colocar a mensagem na garrafa e lançá-la ao mar. Isso exige desprendimento, porque, afinal, o texto sempre pode estar mais bem acabado ou receber aquela observação que não encontrou lugar adequado.

Acreditamos que foi possível alcançar parcialmente nossos objetivos. Pudemos definir três pessoas que desempenharam um papel importante para a psicologia analítica no país. Conseguimos apontar fatos que contribuíram para que os pioneiros pudessem exercer sua função. Localizamos, ainda, características pessoais que influenciaram a maneira de agir dos personagens, que pudemos conhecer um pouco mais. Ficou a lacuna sobre Léon Bonaventure que, acreditamos, poderá ser preenchida em outro momento.

Nos levantamentos feitos sobre a contribuição de cada um, evidenciou-se a importância das realizações dos pioneiros para a consolidação da psicologia analítica no Brasil. Faltou, no entanto, uma reflexão sobre o panorama atual da disciplina em nosso país e sua relação com o trabalho dos pioneiros. Quanto a isso levantamos informações que optamos por apresentar, mesmo sem o amadurecimento desejado, com o objetivo de oferecer subsídios ao leitor interessado no assunto.

Para atualizar os dados sobre o campo da psicologia analítica no Brasil, assim como para ampliar sua disseminação, criamos um sítio na internet[1]. Tal iniciativa, que tem contado com a cola-

---

[1] www.forumjunguiano.com.br

boração de diversos colegas, deriva da percepção de que muito do que vem sendo feito para divulgar o pensamento junguiano em nosso país, e que não é pouco, ainda se dá de maneira pouco articulada. Isso faz que muitos grupos desconheçam o trabalho de outros, fator que não favorece o fortalecimento da área, criando inclusive uma sensação de solidão e isolamento em vários de nós.

Muitos compartilham do prazer de estudar história. Por isso, há a esperança de que se sintam estimulados a prosseguir na pesquisa sobre a história da psicologia analítica, pois mesmo Nise – que dizia não ter "muita bossa histórica, minha bossa é para o futuro" – admitia que "não se pode tomar pé de um espaço sem antes conhecer algo da história desse espaço" (Silveira *apud* Ramos, 2001, p. 30).

Depois de concluir o capítulo anterior afirmando a importância das pessoas nas realizações da humanidade, gostaria de, com esta citação final, evitar a tentação de superestimar o nosso papel individual na construção da história:

> Se bem que tenhamos como homens nossa vida pessoal, nem por isso deixamos de ser, em larga medida, os representantes, as vítimas e os promotores de um espírito coletivo, cuja duração pode ser calculada em séculos. Podemos pensar durante toda a vida que seguimos nossas próprias ideias, sem descobrir que fomos os comparsas essenciais no palco do teatro universal. (Jung, 1988, p. 88)

Referências

ALBERTI, V. *História oral*: a experiência do CPDOC. Rio de Janeiro: Editora da Fundação Getúlio Vargas, 1990.

ALVES, A. M. S. O trabalho corporal aplicado a pessoas com Síndrome de Down. *Jung e Corpo*, n. 4, p. 13-28, 2004.

ALVES, S. P.; FURLETTI, I.; PAULA, C. P. A. Entrevista com Léon Bonaventure. *Jornal Sonhos*, Belo Horizonte, n. 18, 2002.

ANTUNES, M. A. M. Algumas reflexões acerca dos fundamentos da abordagem social em história da psicologia. In: BROZEK, J.; MASSIMI, M. *Historiografia da psicologia moderna*. São Paulo: Loyola, 1998. p. 363-374.

_____. *A psicologia no Brasil*: leitura histórica sobre sua constituição. São Paulo: Unimarco/Educ, 2001.

ARANTES, M. A. de A. Madre Cristina. *Instituto Sedes Sapientiae, 1977-1997*: histórias e memórias. São Paulo: mimeo, 1998. p. 11-12.

ARCURI, I. Técnicas expressivas coligadas a trabalho corporal. *Hermes*, n. 9, p. 48-59, 2004.

BASAGLIA, F. *A instituição negada*. Rio de Janeiro: Graal, 1985.

BENETTON, J. *Trilhas associativas*. São Paulo: Lemos, 1991.

BEZERRA, E. *A trinca do Curvelo*: Manuel Bandeira, Ribeiro Couto e Nise da Silveira. Rio de Janeiro: Topbooks, 1995.

BITTENCOURT, M. Um pouco de história. *Jung e Corpo, revista do curso de psicoterapia de orientação junguiana coligada a técnicas corporais*, n. 1, p. 7-9, 2001.

BONAVENTURE, L. Bandeirante do mundo interior desconhecido. *Quatérnio*, n. 8, p. 122-123, 2001.

_____. Contribuição da psicologia analítica a uma psicologia cristã. *Quatérnio*, n. 4, p. 7-39, 1975.

BUENO, E. *História do Brasil*. 2. ed. São Paulo: Publifolha, 1997.

CALAÇA, A. Nise da Silveira: esboço biográfico. *Quatérnio*, n. 8, p. 201-206, 2001.

CAMPOS, A. M. C. P. Psicologia integrativa e musicoterapia. *Hermes*, n. 9, p. 14-21, 2004.

CAMPOS, R. H. F. Introdução à historiografia da psicologia. In: BROSEK, J.; MASSIMI, M. (Orgs.) *Historiografia da psicologia moderna*: versão brasileira. São Paulo: Loyola, 1998. p. 15-19.

CASTORIADIS, C. *A instituição imaginária da sociedade*. 5. ed. Rio de Janeiro: Paz e Terra, 2000.

CHAUVEAU, A.; TÉTART, P. Questões para a história do presente. In: _____.; _____. *Questões para a história do presente*. Bauru: Edusc, 1999. p. 7-37.

CURSO de Cinesiologia do Instituto Sedes Sapientiae. *Hermes*, n. 1, p. 5, 1996.

DELMANTO, S. *Toques sutis, uma experiência de vida com o trabalho de Pethö Sándor*. São Paulo: Sumus, 1997.

DESCARTES, R. Discurso sobre o método. In: FLORIDO, J. (Coord.) *Descartes*. São Paulo: Nova Cultural, 1999. p. 35-100.

FARAH, R. Quem foi Pethö Sándor. 2004. Disponível em http://www.geocities.com/HotSprings/Resort/8035. Acesso em: 1 out. 2004.

FERREIRA, A. B. H. *Novo dicionário básico da língua portuguesa*. Rio de Janeiro: Nova Fronteira, 1988.

FRANK, R. Questões para as fontes do presente. In: CHAUVEAU, A.; TÉTART, P. *Questões para a história do presente*. Bauru: Edusc, 1999. p. 103-117.

FRANZ, M. L. von. *Mitos de criação*. São Paulo: Paulus, 2003.

FREITAS, Z. N. C. A. Rui Barbosa de saia. *Quatérnio*, n. 8, p. 185-190, 2001.

FREUD, S. Três ensaios sobre a teoria da sexualidade. In: _____. *Edição standard brasileira das obras completas*. Rio de Janeiro: Imago, 1972a. v. VII, p. 135-252.

_____. Prefácio à quarta edição de Três ensaios sobre a teoria da sexualidade. In: _____. Edição standard brasileira das obras completas, Rio de Janeiro: Imago, 1972b. v. VII, p. 133-4.

_____. A história do movimento psicanalítico. Edição standard brasileira das obras completas. Rio de Janeiro: Imago. 1974a. v. XIV, p. 13-81.

_____. O inconsciente. In: _____. Edição standard brasileira das obras completas. Rio de Janeiro: Imago, 1974b. v. XIV. p. 183-245.

_____. Transferência. In: Edição standard brasileira das obras completas, Rio de Janeiro: Imago, 1976. v. XVI, p. 503-521.

GIOIA, S. C. A razão, a experiência e a construção de um universo geométrico: Galileu Galilei. In: ANDERY, M. A. P. A. et al. Para compreender a ciência: uma perspectiva histórica. São Paulo: Educ, 2004. p. 179-191.

GROESBESBECK, C. J. A imagem arquetípica do médico ferido. Junguiana, n. 1, p. 72-96, 1983.

GULLAR, F. Nise da Silveira. Rio de Janeiro: Relume-Dumará, 1996.

HANNAH, B. Jung: vida e obra. Porto Alegre: Artmed, 2003.

HILGARD, E. R.; LEARY, D. E.; McGUIRRE, G. R. A história da psicologia: um panorama e avaliação crítica. In: BROSEK, J.; MASSIMI, M. (Orgs.) Historiografia da psicologia moderna: versão brasileira. São Paulo: Loyola, 1998. p. 399-432.

HIRSZMAN, L. Imagens do inconsciente 1: Em busca do espaço cotidiano, Fernando Diniz. Funarte. Vídeo, 1986a.

_____. Imagens do inconsciente 2: No reino das mães, Adelina Gomes. Funarte. Vídeo, 1986b.

_____. Imagens do inconsciente 3: A barca do sol, Carlos Pertuis. Funarte. Vídeo, 1986c.

INSTITUTO SEDES SAPIENTIAE. Instituto Sedes Sapientiae, 1977-1997: histórias e memórias. São Paulo: digitado, 1998.

JUNG, C. G. Tipos psicológicos. 3. ed. Rio de Janeiro: Zahar, 1976.

_____. O eu e o inconsciente. Petrópolis: Vozes, 1981.

_____. A energia psíquica. Petrópolis: Vozes, 1984a.

_____. *Sincronicidade*: um princípio de conexões acausais. Petrópolis: Vozes, 1984b.

_____. A psicologia da *dementia praecox*: um ensaio. In: *Psicogênese das doenças mentais*. Petrópolis: Vozes, 1986a.

_____. *Símbolos da transformação*. Petrópolis: Vozes, 1986b.

_____. *Memórias, sonhos e reflexões*. 10. ed. Rio de Janeiro: Nova Fronteira, 1988.

_____. *Psicologia e alquimia*. Petrópolis: Vozes, 1991.

_____. Sobre a psicologia e patologia dos fenômenos chamados ocultos. In: *Estudos psiquiátricos*. Petrópolis: Vozes, 1993.

KIRSCH, T. *The Junguians*. London: Routledge, 2000.

LUCCHESI, M. Cartas a Spinoza. *Quatérnio*, n. 8, p. 50-51, 2001.

MASTROBUONO, C. M. *A psicologia da educação no curso normal de uma escola confessional católica da cidade de São Paulo (1941-1961)*. 2004. Dissertação (Mestrado). Programa de Estudos Pós-Graduados em Educação, Pontifícia Universidade Católica de São Paulo.

MCGUIRRE, W. (org.) *A correspondência completa de Sigmund Freud e Carl G. Jung*. Rio de Janeiro: Imago, 1993.

MELLO, L. C. Nise da Silveira: a paixão pelo inconsciente. *Quatérnio*, n. 8, p. 7-19, 2001.

MELO, W. *Nise da Silveira*. Rio de Janeiro: Imago, 2001.

MONTAGNA, P. Psicanálise e psiquiatria, São Paulo. In: NOSEK, L. *et al. Álbum de família*: imagens, fontes e ideias da psicanálise em São Paulo. São Paulo: Casa do Psicólogo, 1994. p. 29-38.

MOTTA, A. A. Anotações pessoais de encontro realizado em 9 de junho de 1995.

_____. *A ponte de madeira*. São Paulo: Casa do Psicólogo, 1997.

_____. Freud e Jung: sexualidade e conflito. *Junguiana*, n. 21, p. 63-68, 2003a.

_____. *Encontro com os fundadores*. Vídeo. São Paulo, 2003b.

MUSEU DE ARTE DE SÃO PAULO. *C. G. Jung Comemorações do Centenário em São Paulo, comissão executiva*. São Paulo: datilografado, 1975.

NEDER, M. Apresentação. *Boletim de Psicologia, órgão da Sociedade de Psicologia de São Paulo,* n. 57-58, 1972a.

_____. *Uma experiência no ensino de psicoterapia infantil.* 1972b. Tese (Doutorado). Instituto de Psicologia, Universidade de São Paulo, São Paulo.

PASSETTI, E. *Encontro com pessoas notáveis nº 1.* Vídeo. Fundação Cultural São Paulo, 1992.

PENNA, A. G. *História da psicologia no Rio de Janeiro.* Rio de Janeiro: Imago, 1992.

_____. Por que história da psicologia? *Revista do Departamento de Psicologia – UFF,* Niterói, v. 15, n. 2, 2003.

PERROT, M. A força da memória e da pesquisa histórica. *Revista Projeto História: Trabalhos da Memória,* v. 17, p. 351-360, nov. 1998.

PESSIS-PASTERNAK, G. *Será preciso queimar Descartes?* Do caos à inteligência artificial: quando os cientistas se interrogam. Lisboa: Relógio D'Água, 1993.

PORTELLI, A. História oral como gênero. *Revista Projeto História: História e Oralidade,* v. 22, p. 9-36, jun. 2001.

RAMOS, G. *Memórias do cárcere.* 41. ed. Rio de Janeiro: Record, 2004.

RAMOS, L. O grupo de estudos C. G. Jung. *Quatérnio,* n. 8, p. 29-33, 2001.

RESENDE, H. Política de saúde mental no Brasil: uma visão histórica. *Cidadania e loucura:* políticas de saúde mental no Brasil. 2. ed. Petrópolis: Vozes, 1990. p. 15-69.

RIOUX, J. (1999). Pode-se fazer uma história do presente? In: CHAUVEAU, A.; TÉTART, P. *Questões para a história do presente.* Bauru: Edusc, 1999. p. 39-50.

RODRÍGUEZ, M. A. B. *Corrientes teóricas en psicología social, desde la psicología social experimental hasta el movimiento construccionista.* Caracas: Universidad Central de Venezuela, 1997.

RUSSELL, B. *História da filosofia ocidental.* São Paulo: Companhia Editora Nacional, 1957.

SADER, E. Prefácio. In: _____. *Socialismo ou barbárie.* São Paulo: Brasiliense, 1983. p. 7-9.

145

SALDANHA, V. Grupo de estudos e pesquisas do Museu de Imagens do Inconsciente. *Quatérnio*, n. 8, p. 21, 2001.

SAMPAIO, L. Festa dos vinte anos do Instituto Sedes Sapientiae. *Instituto Sedes Sapientiae, 1977-1997, histórias e memórias*. São Paulo: digitado, 1998.

SAMUELS, S.; SHORTER, B.; PLAUT, F. *Dicionário crítico de análise junguiana*. Rio de Janeiro: Imago, 1988.

SÁNDOR, P. Introdução. *Boletim de Psicologia, órgão da Sociedade de Psicologia de São Paulo*, n. 57-58, p. 4-10, 1972a.

_____. Calatonia. *Boletim de Psicologia, órgão da Sociedade de Psicologia de São Paulo*, n. 57-58, p. 92-100, 1972b.

_____. Imagens e relaxamento. *Boletim de Psicologia, órgão da Sociedade de Psicologia de São Paulo*, n. 57-58, p. 101-110, 1972c.

_____. BONILHA, L. C.; FERREIRA, L. M.; MAURO, B. H. M.; SANTIS, M. I.; SIMÕES, M. L. A.; YAMAKAMI, S. *Técnicas de relaxamento*. São Paulo: Vetor, 1974.

SANT'ANNA, M. M. Nise da Silveira, a reinvenção da psiquiatria. *Quatérnio*, n. 8, p. 207-217, 2001.

SANT'ANNA, P. A. Introduzindo a interlocução: uma breve reflexão sobre o desenvolvimento da psicologia analítica no Brasil. In: _____. *As imagens no contexto clínico de abordagem junguiana*: uma interlocução entre teoria e prática. 2001. Tese (Doutorado). Instituto de Psicologia, Universidade de São Paulo, São Paulo. p.123-129.

SANTIS, M. I. *O discurso não verbal do corpo no contexto psicoterápico*. 1976. Dissertação (Mestrado). Departamento de Psicologia, Pontifícia Universidade Católica do Rio de Janeiro, Rio de Janeiro.

SILVEIRA, N. *Imagens do inconsciente*. 2. ed. Rio de Janeiro: Alhambra, 1982.

_____. *O mundo das imagens*. São Paulo: Ática, 1992.

SOCIEDADE BRASILEIRA DE PSICOLOGIA ANALÍTICA. Um pouco da história e do espírito da Sociedade Brasileira de Psicologia Analítica. *Junguiana, revista da Sociedade Brasileira de Psicologia Analítica*, São Paulo, n. 1. p. 4-7, 1983.

SOCIEDADE DE PSICOLOGIA DE SÃO PAULO. Colaboradores. *Boletim de Psicologia, órgão da Sociedade de Psicologia de São Paulo*, n. 57-58, p. 119, 1972.

SOKAL, M. M. Abordagem biográfica: a carreira psicológica de Edward Wheler Scripture. In: BROSEK, J.; MASSIMI, M. (Orgs.). *Historiografia da psicologia moderna*: versão brasileira. São Paulo: Loyola, 1998. p. 315-337.

TENÓRIO, F. G. *Gestão de ONGs*: principais funções gerenciais. Rio de Janeiro: Editora Fundação Getúlio Vargas, 1997.

WERTHEIMER, M. *Pequena história da psicologia*. 2. ed. São Paulo: Editora Nacional, 1976.

_____. Pesquisa histórica – por quê? In: BROSEK, J.; MASSIMI, M. (Orgs.). *Historiografia da psicologia moderna*: versão brasileira. São Paulo: Loyola, 1998. p. 21-41.

WOODWARD, W. R. Rumo a uma historiografia crítica da psicologia. In: BROSEK, J.; MASSIMI, M. (Orgs.). *Historiografia da psicologia moderna*: versão brasileira. São Paulo: Loyola, 1998. p. 61-87.

Referências das imagens

Introdução

p. 27. *Les très riches heures du Duc de Berri*, França, 1400, Museu Conde, Chantilly. In: MACLAGAM, D. *Mitos de la creación*. Madrid: Debate, 1989. p. 91

p. 29. *Scenographia Systematis Copernicant*, 1543. *Nova Enciclopédia Ilustrada Folha*, v.1. São Paulo: Publifolha, 1996. p. 226.

Capítulo 2

p. 47. Hospital de Burgholzli: banco de imagens de Luiz Paulo Grinberg.

p. 49. Eugen Bleuler: banco de imagens de Luiz Paulo Grinberg.

p. 54. Grupo de psicanalistas no Congresso da IPA em Weimar, 1913: http://www.accionchilena.cl/images/jung/JUNG-2.JPG

p. 58. Prédio construído, na Praia Vermelha, para abrigar o Hospício Pedro II, onde hoje funciona a UFRJ: http://www.orgulho.ufrj.br/imagens/mapaagenda.jpg

Capítulo 3

p. 71. Nise: http://cienciahoje.uol.com.br/controlPanel/materia/view/999

p. 77. Nise: Bezerra, E. *A trinca do Curvelo*: Manuel Bandeira, Ribeiro Couto e Nise da Silveira. Rio de Janeiro: Topbooks, 1995.

p. 78. Getúlio Vargas: *História Viva Grandes Temas*, n. 4. São Paulo: Duetto, p. 14.

p. 95. Nise e Jung: www.museuimagensdoinconsciente.org.br

p. 97. Sándor: acervo de Maria Luíza Simões.

p. 99. Selo húngaro de 1941: http://64.233.161.104/search?q=cache:dFIR Qm3t4-AJ:www.exordio.com/1939-1945/paises/hungria.html+Guerra+Hungria&hl=pt-BR em 23/3/2005.

p. 112. Sándor: acervo de Maria Luíza Simões.

p. 113. Leon: Jornal *Sonhos*, n. 18 (janeiro a abril de 2002). Arquivo eletrônico, gentilmente cedido pelo editor Fernando Rocha Nobre.

p. 115. Ilustração do pôster e capa do folder de divulgação do evento *Carl Gustav Jung –1875-1975*, cedido pela biblioteca do Museu de Arte de São Paulo.

Anexos

Anexo 1
Situando a psicologia analítica no Brasil, datas e fatos

Década	Ano	Contexto	Psicologia analítica no Brasil
Anterior a 1900	1852	Inauguração do Hospício Pedro II, na Praia Vermelha – RJ.	
	1988	Lei Áurea.	
	1889	Proclamação da República no Brasil.	
	1890	Transformação do Hospício Pedro II em Hospital Nacional de Alienados.	
1900-1909	1900	Publicação de *A interpretação de sonhos* de Sigmund Freud.	
	1905		15/2, nascimento de Nise da Silveira em Maceió – AL.
1910-1919	1910	Fundação da Associação Psicanalítica Internacional – IPA, em Nuremberg, tendo Jung como primeiro presidente.	
	1911	Jung publica *Transformações e símbolos da libido*, marcando seu afastamento de Freud. Criada a Colônia do Engenho de Dentro – RJ.	

	1914	Jung renuncia à presidência da IPA. Início da Primeira Guerra Mundial.	
	1916		Nascimento de Pethö Sándor na Hungria.
	1917	Revolução soviética.	
	1918	Fim da Primeira Guerra Mundial.	
1920-1929	1922	Fundação do Partido Comunista Brasileiro – PCB. Semana de Arte Moderna em São Paulo.	
	1923	Criação da Liga Brasileira de Higiene Mental por Gustavo Riedel. Surge o Laboratório de Psicologia da Colônia de Psicopatas do Engenho de Dentro, por iniciativa de Gustavo Riedel. Em 1932, tornou-se Instituto de Psicologia do Ministério da Educação e Saúde Pública e, em 1937, foi incorporado à Universidade do Brasil.	
	1925	Em abril tem início a Coluna Prestes, que percorreu 25 mil quilômetros por quase todos os estados do país.	
	1926	Washington Luís toma posse como presidente da República.	
	1926		Nise se forma em Medicina.

	1927		10 de fevereiro falece Faustino Magalhães da Silveira, aos 46 anos de idade.
	1927	Fundação da Associação Brasileira de Psicanálise, que deixou de existir em novembro de 1937. Em 5 de junho de 1944 surgiu o Grupo Psicanalítico de São Paulo, dando origem, em 1951, à Sociedade Brasileira de Psicanálise de São Paulo, primeira filial da IPA no Brasil.	
	1927		Nise vai para o Rio, com seu marido, Mário Magalhães da Silveira, médico sanitarista. Segundo Gullar (1996), Nise afirma ter ido sozinha para o Rio.
1930-1939	1930	Eleições presidenciais dão vitória a Júlio Prestes. Em 3/11 ocorre a Revolução de 30. Washington Luís é deposto e Getúlio Vargas assume o governo provisório.	
	1932	Revolução Constitucionalista.	
	1933	Fundação da Escola Paulista de Medicina em São Paulo – SP.	Em setembro, Nise da Silveira fez o concurso para psiquiatra da antiga Assistência a Psicopatas e Profilaxia.

151

	1934	Promulgada a Constituição de 1934.	
	1935	Novembro: Intentona Comunista.	
	1936	5 de março: prisão de Luís Carlos Prestes e de sua companheira Olga.	Março: prisão de Nise, acusada por uma enfermeira de ter livros comunistas.
	1937	10/11: instauração do Estado Novo, com o fechamento do Congresso.	Junho: Nise sai da prisão. Pouco tempo depois, deixa o Rio, levada por um primo para a Bahia, em virtude do boato de que iriam prendê-la novamente.
	1938	Instituto de Psiquiatria da Universidade do Brasil.	
	1939	Irrompe a Segunda Guerra Mundial.	
1940-1949	1943	Criação do Centro Psiquiátrico Nacional em Engenho de Dentro. O Exército alemão rende-se em Stalingrado – URSS.	
	1944		Nise da Silveira volta a exercer suas funções como psiquiatra no serviço público.
	1945	Tropas russas invadem a Hungria, país alinhado com a Alemanha de Hitler. Fim da Segunda Guerra Mundial. Golpe depõe Getúlio Vargas.	

	1946	Presidente Dutra promulga a nova Constituição do Brasil.	Maio: Nise abre a primeira oficina de costura na Seção de Terapêutica Ocupacional – STO, em Engenho de Dentro. Setembro: inauguração do ateliê de desenho e pintura da STO.
	1947		4/2: primeira exposição da STO com 245 pinturas no salão do primeiro andar do Ministério de Educação
	1949		Pethö Sándor chega ao Brasil. Segunda exposição da STO: "9 Artistas de Engenho de Dentro" no MAM-SP, transferida depois para o salão nobre da Câmara Municipal do Rio de Janeiro.
1950-1959	1950	Getúlio Vargas vence as eleições presidenciais.	Pinturas da exposição "9 Artistas de Engenho de Dentro" participam do 1º Congresso Mundial de Psiquiatria em Paris.
	1952		Fundação do Museu de Imagens do Inconsciente.
	Meados de 1950		Nise depara com a frase de Artaud: "O ser tem estados inumeráveis e cada vez mais perigosos".
	1954	24 de agosto: Vargas se suicida.	Nise se corresponde com Jung.

		1955	Realização de eleições presidenciais, com a vitória de Juscelino Kubitschek. Fundação da International Association for Analytical Psychology (IAAP), em Zurique.	Fundação do Grupo de Estudos C. G. Jung.
		1956		23/12: fundação da Casa das Palmeiras.
		1957		Nise inicia seus estudos no Instituto C. G. Jung e sua análise com M. L. Von Franz, em Zurique, para onde retorna em 1958, 61, 62 e 64. 14/6: Nise é recebida por Jung em sua casa. Conversa sobre o estudo de mitos. 2/9: abertura por Jung da exposição "Esquizofrenia em Imagens" apresentada no II Congresso Internacional de Psiquiatria, em Zurique.
1960-1969		1960	Inauguração de Brasília.	
		1961	Jânio Quadros toma posse como presidente e renuncia ao cargo em 25/08/61. O vice, João Goulart, assume a presidência.	6/8: a Seção de Terapêutica Ocupacional passa a se chamar Seção de Terapêutica Ocupacional e Reabilitação – Stor, segundo decreto n° 51.169 de Jânio Quadros.
		1962	Noite da bossa nova em Nova York. Regulamentação da profissão de psicólogo, no Brasil.	

	1964	Em 31/03, golpe militar derruba Jango Goulart e leva ao poder Castelo Branco. A psicanálise chega à sua primeira cátedra médica, com Darcy Uchoa, na Cadeira de Psiquiatria da Escola Paulista de Medicina.	
	1965		Publicação do primeiro número da Revista *Quatérnio*, editada pelo Grupo de Estudos C. G. Jung. Lançamento de *Psicologia e religião*, o primeiro livro de Jung traduzido para o português, editado pela Zahar.
	1967	General Arthur da Costa e Silva assume a presidência do Brasil.	Léon Bonaventure chega ao Brasil em 22 de março e é recebido por Nise da Silveira.
	1968	Assinatura do AI-5, com o fechamento do Congresso e suspensão das garantias constitucionais. Surgimento do tropicalismo.	Lançamento do livro *Jung, vida e obra*, de Nise da Silveira. Fundação do Grupo de Estudos do Museu de Imagens do Inconsciente.
	1969	General Emílio Garrastazu Médici assume como presidente do Brasil. Festival de Woodstock – EUA.	Oficialização da fundação do Grupo de Estudos C. G. Jung, que se reunia informalmente desde 1954.
1970-1979	1971		Pethö Sándor é contratado para lecionar no curso de psicologia da PUC-SP.

	1974	General Ernesto Geisel é o novo presidente do país. Criação do Instituto Sedes Sapientiae.	
	1975	Início do curso de Especialização em Psicoterapia Infantil e de Adolescentes, pela PUC-SP, com dois anos de duração, e, a partir de 1977, com três anos de duração. Abrange diversas linhas teóricas da psicologia, entre elas uma área específica dedicada à psicologia analítica. Esse curso funcionou até 1983.	Comemorações do centenário do nascimento de C. G. Jung em São Paulo, Rio de Janeiro e Belo Horizonte. Sándor pede demissão da graduação da PUC-SP. Integra o corpo docente do Curso de Especialização em Psicoterapia de Crianças e de Adolescentes entre 1975 e 1980, sendo subcoordenador deste a partir de 1976. Aposentadoria compulsória de Nise por idade. No dia seguinte, Nise se inscreve como estagiária do Museu. Assinatura do contrato para a tradução das obras completas de Jung para o português.
	1977	Primeiras greves de trabalhadores do ABC após o golpe de 64. Movimento estudantil sai às ruas.	Vinda ao Brasil de analistas junguianos estrangeiros.
	1978		Fundação da Sociedade Brasileira de Psicologia Analítica (SBPA), primeira instituição brasileira filiada à IAAP.
	1979	Extinção do AI-5. General João Baptista Figueiredo é o novo presidente do Brasil. Assinada a Lei da Anistia.	

1980-1989	1983		Lançamento da *Junguiana*, revista da Sociedade Brasileira de Psicologia Analítica.
	1984	Campanha pelas Diretas-Já.	Pethö Sándor inicia o curso de Cinesiologia no Instituto Sedes Sapientiae. Bittencourt (2001) situa o ano de início da disciplina em 1981, mas provavelmente ainda não era um curso independente).
	1985	Tancredo Neves, eleito presidente da República pelo colégio eleitoral, falece sem assumir o cargo. O vice José Sarney é o novo presidente do Brasil.	
	1986		9 de setembro: falecimento de Mário Magalhães.
	1989	Primeira eleição direta para presidente da República após o golpe de 64. O vencedor é Fernando Collor de Mello.	
1990-1999	1991		Fundação da Associação Junguiana do Brasil (AJB), aceita como associação plena pela IAAP em 1997.
	1992	*Impeachment* de Collor. Assume a presidência o vice, Itamar Franco.	Falecimento de Pethö Sándor.
	1994	Eleição de Fernando Henrique Cardoso para presidente do Brasil, reeleito em 1998.	

157

	1996		Lançamento da revista *Hermes*.
	1998		I Congresso Latino-Americano de Psicologia Junguiana – Punta Del Este, Uruguai.
	1999	Projeto "História e Memória" do CFP.	30 de outubro, falecimento de Nise da Silveira aos 94 anos.
2000-2005	2000		2000: II Congresso Latino-Americano de Psicologia Junguiana – Rio de Janeiro, Brasil.
	2001		Lançamento da Revista *Jung e Corpo*.
	2002	Eleição de Luiz Inácio Lula da Silva para governar o país.	
	2003		Primeiras turmas de mestrado e doutorado do Núcleo de Estudos Junguianos, do Programa de Estudos Pós-graduados em Psicologia Clínica – PUC-SP, o primeiro curso de pós-graduação *stricto sensu* em psicologia analítica, no Brasil. Comemoração dos 25 anos da SBPA. III Congresso Latino-Americano de Psicologia Junguiana – Salvador, Brasil.
	2004	São Paulo completa 450 anos de fundação.	
	2005		15/02: centenário do nascimento de Nise da Silveira

Anexo 2

Produção e iniciativas ligadas a Nise da Silveira

1) INFORMAÇÕES SOBRE PUBLICAÇÕES, HOMENAGENS E INSTITUIÇÕES COLETADAS NO SÍTIO:
http://www.museuimagensdoinconsciente.org.br/nise/biograf.htm

Publicações de Nise da Silveira:

Em livros:
1 *Ensaio sobre a criminalidade da mulher no Brasil*. Tese apresentada à Faculdade de Medicina da Bahia. Imprensa Oficial do Estado, 1926.

2 *Jung, vida e obra*
José Álvaro, Editor – atualmente na 10ª edição – 1ª edição em 1968

3 *Terapêutica ocupacional* – teoria e prática
Rio de Janeiro: Casa das Palmeiras, 1979

4 *Os cavalos de Octávio Ignácio* (Organização)
Funarte, 1980 – Fotografia de Humberto Francheschi

5 Coleção Museus Brasileiros, v. 2 – *Museu de Imagens do Inconsciente*
Funarte, 1980

6 *Casa das Palmeiras*: a emoção de lidar
Coordenação e prefácio de uma experiência em psiquiatria.
Alhambra, 1986.

7 *Imagens do inconsciente*
Rio de Janeiro: Alhambra, 1ª edição outubro de 1981
3ª edição maio de 1987

8 *A farra do boi*

Númen, 1989

9 *Artaud*: a nostalgia do mais
Númen, 1989 – Com Rubens Correa, Marco Lucchesi e Milton Freire

10 *Cartas a Spinoza*
Nome, 1990

11 *O mundo das imagens*
Ática, 1992

12 *Gatos*: a emoção de lidar
Rio de Janeiro: Léo Christiano, 1998

Textos em periódicos científicos

13 Estado mental dos afásicos
Revista de Medicina, Cirurgia e Farmácia, n. 101, setembro/1944

14 Considerações teóricas sobre ocupação terapêutica
Revista de Medicina, Cirurgia e Farmácia. Rio de Janeiro, junho/1952

15 Contribuição aos estudos dos efeitos da leucotomia sobre a atividade criadora
Revista de Medicina, Cirurgia e Farmácia, n. 225. Rio de Janeiro, janeiro/1955.

16 Expérience d'art spontané chez des schizophrènes dans un service de thérapeutique occupationnelle – em colaboração com o Dr. Pierre Le Gallais, trabalho apresentado no II Congresso Internacional de Psiquiatria, Zurique, 1957. *Congress Report* v. 4, 1957. p. 380-386. Tradução para o português, *Quatérnio*, n. 7, Grupo de Estudos C. G. Jung, Rio de Janeiro, 1996.

17 C. G. Jung e a psiquiatria
Revista Brasileira de Saúde Mental, v. 7, Rio de Janeiro, 1962-1963

18 Simbolismo do gato. *Quatérnio*, revista do Grupo de Estudos C. G. Jung, n. 1, Rio de Janeiro, 1965

19 No reino das mães: um caso de esquizofrenia estudado através da expressão plástica. *Revista Brasileira de Saúde Mental*, v. 9, Rio de Janeiro, 1966

20 Vinte anos de terapêutica ocupacional em Engenho de Dentro (1946-1966)
Revista Brasileira de Saúde Mental, v. 12, Rio de Janeiro, 1966

21 Perspectivas da psicologia de C. G. Jung
Revista Tempo Brasileiro, n. 21/22, 1970

22 Herbert Read: em memória. Revista *Quatérnio*, n. 2, Rio de Janeiro, 1970

23 Dionysos: um comentário psicológico. *Quatérnio*, n. 3, Rio de Janeiro, 1973

24 Deus-mãe. *Quatérnio*, n. 4, Rio de Janeiro, 1975

25 Retrospectiva de um trabalho vivido no Centro Psiquiátrico Pedro II, no Rio de Janeiro. *Anais do XIV Congresso Nacional de Neurologia, Psiquiatria e Higiene Mental*. Maceió, 1979. Vivência – órgão da Associação Alagoana de Psiquiatria, 1980.

Prêmios/títulos/homenagens recebidos por Nise da Silveira

Em 1971 recebe o troféu Golfinho de Ouro do Museu da Imagem e do Som do Estado da Guanabara.

Figura entre as dez mulheres do ano em 1973, escolhidas pelo Conselho Nacional de Mulheres do Brasil.
Recebe homenagem do Conselho Regional de Medicina, como representante da área de psiquiatria em 19/12/1974.

Recebe o Prêmio Personalidade Global Feminina de 1974, conferido pelo jornal *O Globo* e pela Rede Globo de Televisão.

Em 1975 recebe a medalha do Estado da Guanabara, conferida pelo governador Chagas Freitas, por serviços prestados à cidade-estado da Guanabara.

1981, Medalha de Mérito Oswaldo Cruz, na categoria ouro, concedida pelo presidente da República João Batista de Figueiredo e ministro da Saúde Waldir Mendes Arcoverde. Decreto de 14 de abril de 1981.

Comenda Desembargador Mário Guimarães, outorgada pela Assembleia Legislativa do Estado de Alagoas em 1983.

Benemérito do Estado do Rio de Janeiro, título concedido pela Assembleia Legislativa do Rio de Janeiro, 1984.

Ordem do Mérito dos Palmares no grau de comendador, outorgado pelo governador do Estado de Alagoas, grão-mestre daquela Ordem, 1985.

Comenda Desembargador Mário Guimarães, concedida pela Câmara Municipal de Maceió, 1987.

Condecorada com a Ordem do Rio Branco no grau de oficial, pelo Ministério das Relações Exteriores, em 13 de maio de 1987.

Homenagem especial da Sociedade de Medicina e Cirurgia do Rio de Janeiro, em comemoração ao Dia do Médico – 16 de outubro de 1987

Título de professor *honoris causa* da Escola de Ciências Médicas de Alagoas – 4 de março de 1988

Título de professor *honoris causa* pela Universidade do Estado do Rio de Janeiro (Uerj) em abril de 1988.

Medalha do Mérito da Fundação Joaquim Nabuco de Recife (PE) em 1989.

Sócia Honorária da Sociedade de Medicina de Alagoas, em 1989.

Medalha Peregrino Júnior da União Brasileira de Escritores em 1992.

Prêmio Personalidade do Ano de 1992, da Associação Brasileira de Críticos de Arte.

Medalha Chico Mendes outorgada pelo grupo Tortura Nunca Mais, em 1993.

Ordem Nacional do Mérito Educativo no grau de Comendador, pelo Ministério da Educação e do Desporto da Presidência da República, em 1993.

Prêmio *hors concours* (gênero ensaio) do Concurso Prêmio Alejandro José Cabassa, da União Brasileira de Escritores, em 1994.

Prêmio Carmem da Silva – Colóquio das Mulheres Fluminenses, 1995.

Homenagem do Centro Mário Schenberg de Documentação da Pesquisa em Artes – USP, 1996.

Associação Médica do Rio de Janeiro – Dia Internacional da Mulher – 1997.

Homenagem da Associação Médica de Alagoas – 1997.

Homenagem no II Encontro Nacional de Serviço Social e Seguridade, Porto Alegre, 2000.

Instituições criadas a partir do trabalho de Nise da Silveira

Museu de Imagens do Inconsciente – Rio de Janeiro

Casa das Palmeiras – Rio de Janeiro

Grupo de Estudos C. G. Jung – Rio de Janeiro

Sociedade Amigos do Museu de Imagens do Inconsciente – Rio de Janeiro
Association Nise da Silveira
Images de l'inconscient – Paris

Museo Attivo delle Forme Inconsapevoli
Genova (*comitato d'onore*)

Centro de Estudos Nise da Silveira
Juiz de Fora – MG

Museu Bispo do Rosário
Colônia Juliano Moreira (RJ)

Espaço Nise da Silveira

Núcleo de Atenção Psicossocial – Recife (PE)

Universidade do Porto (Portugal)
Centro de Estudos Imagens do Inconsciente

Fundação Clube Terapêutico Nise da Silveira
Salvador (BA)

Núcleo de Atividades Expressivas Nise da Silveira
Hospital Psiquiátrico São Pedro – Porto Alegre

Associação de Convivência Estudo e Pesquisa Nise da Silveira
Salvador (BA)

2) TESES E/OU DISSERTAÇÕES RELACIONADAS AO TRABALHO DE NISE DA SILVEIRA, ENCONTRADAS NO DIRETÓRIO DA CAPES.

http://www1.capes.gov.br/AgDw/frPesquisaTeses.html (em busca no dia 26/3/2005)
Critérios: ano-base = 1987; assunto = Nise da Silveira
Aparecem cinco teses/dissertações:
ALMEIDA, J. M. C. *A loucura das palavras*. Dissertação. Universidade Estadual de Campinas – Linguística, 1993. Orientadora: Maria Fausta Pereira de Castro.
SATO, T. H. *Práticas psicanalistas em instituição*: oficina de arranjos florais. Dissertação. Universidade de São Paulo – Psicologia Clínica, 2001. Orientadora: Tânia Maria José Aiello Vaisberg.
MARIÓTTI, M. C. *Atividades artísticas e saúde mental em terapia ocupacional*. Dissertação. Universidade Federal do Paraná – Educação, 1999. Orientadora: Natalice de Jesus Rodrigues Giovannoni.
ANTUNES, R. E. F. *O paciente do "grupo de egressos" para a família*: uma perspectiva para a enfermagem fundamentada nas representações sociais. Dissertação. Universidade do Rio de Janeiro – Enfermagem, 2001. Orientadora: Célia Antunes Chrysostomo de Souza.
MELHEN, S. M. *A influência de Antonin Artaud sobre o trabalho do ator e diretor Rubens Corrêa*. Dissertação. Universidade do Rio de Janeiro – Teatro, 1998. Orientadora: Ângela Mousinho Leite Lopes.

3) SÍTIOS NA INTERNET

Pesquisa no Google em 30/12/2004 aponta 4.030 resultados para "Nise da Silveira".

Destacamos:

www.museuimagensdoinconsciente.org.br
Com informações, exposições, histórico etc. sobre o trabalho do Museu de Imagens do Inconsciente, criado por Nise da Silveira.

www.casadaspalmeiras.org.br
Outro sítio de uma instituição criada por Nise, com informações diversas sobre a proposta de trabalho dessa instituição.

Anexo 3

Produção e iniciativas ligadas a Pethö Sándor

CURSOS

Diversos cursos em nível de extensão e especialização podem ser encontrados na programação do Instituto Sedes Sapientiae, através do sítio http://www.sedes.org.br

2) PUBLICAÇÕES:

Com artigos de Sándor

Sociedade de Psicologia de São Paulo. *Boletim de Psicologia*, n. 57 e 58, 1972.

SÁNDOR, P., BONILHA, L. C., FERREIRA, L. M., MAURO, B. H. M., SANTIS, M. I., SIMÕES, M. L. A.; YAMAKAMI, S. *Técnicas de relaxamento*. São Paulo: Vetor, 1974.

Livros que abordam o método de Sándor

DELMANTO, S. *Toques sutis*: uma experiência de vida com o trabalho de Pethö Sándor. São Paulo: Sumus, 1997.

FARAH, R. M *Integração psicofísica*: o trabalho corporal e a psicologia de C. G. Jung. São Paulo: Companhia Ilimitada/Robe, 1995.

Revistas ligadas ao trabalho de Sándor

Hermes, publicação anual do curso de Cinesiologia do Instituto Sedes Sapientiae lançada em 1996.

Jung e Corpo, publicação anual do curso de Psicoterapia de orientação junguiana coligada a técnicas corporais, lançada em 2001.

3) TESES E/OU DISSERTAÇÕES RELACIONADAS AO TRABALHO DE PETHÖ SÁNDOR:

Dados obtidos no banco de teses e dissertações do sítio da Capes: http://ged.capes.gov.br/AgDw/silverstream/pages/frPesquisaTeses.html
Palavra-chave em assunto: "Pethö Sándor"

DURAN, S. M.G.T. *O atendimento psicoterapêutico em grupo aos usuários de uma unidade básica de saúde pelo método corporal de Pethö Sándor*: uma interpretação na perspectiva da psicologia analítica de C. G. Jung. Dissertação. Universidade de São Paulo. Psicologia Clínica, 1997. Orientadora: Terezinha Moreira Leite.

GABRIEL, M. S. A. *Métodos do trabalho corporal*: uma proposta sutil. Dissertação. Universidade Estadual Paulista Júlio de Mesquita Filho. Psicologia, 2001. Orientadora: Terezinha Maria Pancini de Sá.

Encontramos ainda:

SANTIS, M. I. *O discurso não verbal do corpo no contexto psicoterápico*. Dissertação. Departamento de Psicologia da Pontifícia Universidade Católica do Rio de Janeiro, 1976.

4) ACADEMIA:

Títulos:
Pethö Sándor não possui título acadêmico, mas consta sua participação em banca de mestrado em 08/11/1990, tendo recebido título de notório saber pela PUC-SP, considerado especialista em psicologia analítica. Esse título foi dado apenas e especificamente para participação nessa banca de mestrado, defendido no Programa de Estudos Pós-graduados em Educação: Psicologia da Educação para o trabalho:
LOTHIOIS, M. G. R. F. *A escola reconsiderada a partir do discurso de alunos*. Dissertação. Pontifícia Universidade Católica – Educação, 1990.

5) SÍTIOS NA INTERNET

Pesquisa no Google: 1/3/2005

Palavra-chave: "Pethö Sándor" – constam sessenta menções, grande parte delas referindo-se a trabalhos relacionados à integração psicofísica e à calatonia, com publicações e cursos em diversas áreas, como: terapia ocupacional, psicopedagogia e psicologia.

Dos sítios pesquisados, recomendamos:

http://www.geocities.com/HotSprings/Resort/8035

http://www.conscienciacorporal.com.br/calatonia.htm

Palavra-chave: calatonia – constam 520 referências. Algumas, porém, não se relacionam a Pethö Sándor.

Palavra-chave: "toques sutis" – constam 605 referências. Algumas, porém, não se relacionam a Pethö Sándor.

6) EVENTOS

Realizados pelos respectivos grupos responsáveis pelos cursos de especialização do Instituto Sedes Sapientiae: Encontro Anual "Jung e Corpo"; Encontro Anual "Grupo da Cinesiologia".

Anexo 4

Produções e iniciativas lagadas a León Bonaventure

1) PUBLICAÇÕES

Livros

BONAVENTURE, L. *Psicologia e vida mística*. Petrópolis: Vozes, 1996.

_____. *A cultura da cherimoia e de seu híbrido, a atemoia*. Brasil: Nobel, 1999.

Artigos publicados no Brasil

BONAVENTURE, L. Contribuição da psicologia analítica a uma psicologia cristã. *Quatérnio*, n. 4, 1975. p. 7-39.

_____. Bandeirante do mundo interior desconhecido. *Quatérnio*, n. 8, 2001. p. 122-123.

Traduções

Membro da comissão responsável pela tradução das *Obras completas de C. G. Jung*, publicadas pela Vozes.

Coleção

"Amor e Psique", publicada pela Paulus, tendo como coordenadores: Dr. Léon Bonaventure, padre Ivo Storniolo e dra. Maria Elci Spaccaquerche.

2) INSTITUIÇÕES

Apesar de não estar entre os fundadores da Sociedade Brasileira de Psicologia Analítica – SBPA, Léon Bonaventure teve papel relevante na sua constituição.

3) SÍTIOS NA INTERNET

Pesquisa no Google com a palavra-chave "Léon Bonaventure" mostrou 42 resultados no dia 27/03/2005, com informações sobre as publicações mencionadas, sobre entrevistas com Léon etc.

Anexo 5

Informações sobre o panorama atual da PA no Brasil

1) INSTITUIÇÕES DE PSICOLOGIA ANALÍTICA FILIADAS À IAAP

Associação Junguiana do Brasil – AJB

Fundada em 1991 como uma dissidência da SBPA, filiou-se à IAAP em 1995, durante o XIII Congresso Internacional da IAAP, em Zurique, passando a associação plena em 1997, quando pôde iniciar cursos para formação de analistas. Tem sede em São Paulo, onde também funciona um dos seus institutos. Além deste, há outros cinco: em Campinas, Minas Gerais, Rio de Janeiro, Rio Grande do Sul e Paraná.
Realiza simpósios anuais desde 1992.
Mais informações no sítio: www.ajb.org.br

Sociedade Brasileira de Psicologia Analítica – SBPA

Fundada oficialmente em 1978, teve seu grupo aceito pela IAAP no ano anterior, durante o VII Congresso Internacional da IAAP, em Roma. Tem sede em São Paulo e uma afiliada regional no Rio de Janeiro. Edita a revista *Junguiana*, desde 1983. Realiza anualmente, desde sua fundação, o encontro "Moitará".
Mais informações no sítio: www.sbpa.org.br

2) OUTRAS INSTITUIÇÕES E GRUPOS QUE DESENVOLVEM ATIVIDADES LIGADAS À PSICOLOGIA ANALÍTICA

Levantamento de instituições de PA no Brasil, feito no III Congresso Latino-Americano de Psicologia Junguiana (2003), acrescido de outras informações.

Bahia:

Instituto Junguiano da Bahia:
Alameda Bons Ares, 15 – Brotas, Salvador. Fone (71) 356 1645
www.ijba.com.br

Grupo de estudos coordenado por Hermenegildo Oliveira dos Anjos, herme@uol.com.br

Clínica Psique
Fone (71) 356 0606/(71) 3345 0606 com Silzen, Lucy ou Adenáries

Grupo de estudo na Faculdade Bahiana de Medicina e Saúde Pública
www.fundeci.com.br

Ceará

Sizígia – Núcleo de Estudos em Psicologia Analítica. Fortaleza.
Contato: http://www.sizigia.com.br

Sociedade do Pensamento Junguiano – SPJ: Rua Paula Ney, 732 – Aldeota, Fortaleza
http://fla.matrix.com.br/jung//

Distrito Federal

Sociedade Brasileira de Psicologia Profunda: Ed. Liberly Mall – Bloco B – s/202, Brasília. Fone (61) 315 9375

Espírito Santo

Grupo de estudos junguianos do Núcleo de Psicologia Clínica – Departamento de Psicologia – Ufes. Contato: kathy@npd.ufes.br

Goiás

Universidade Lucy Penna

Minas Gerais

Jornal *Sonhos*
Editor: Fernando Rocha Nobre

Paraná

Núcleo de Psicologia Analítica Nise da Silveira, Londrina.
Contato: sonialvaz@hotmail.com

Symbolon Estudos Junguianos, Curitiba.
http://www.symbolon.com.br/

Rio de Janeiro

Cântaro das Artes: Rua Maria Amália, 591/306 ss – Tijuca, Rio de Janeiro.
Formação em arteterapia junguiana, supervisão e atendimento clínico.

Casa das Palmeiras: Rua Sorocaba, 800 – Botafogo, Rio de Janeiro.
Fone: (21) 2266 6465
www.casapalmeiras.org.br
Instituição de atendimento fundada por Nise da Silveira.

Instituto Rubedo: Rua Visconde de Carandaú, 31 – Jardim Botânico, Rio de Janeiro.
Fone: (21) 2511 4859
www.rubedo.psc.br

Museu de Imagens do Inconsciente
Rua Ramiro Magalhães, 521
Engenho de Dentro – CEP 20730-460
Rio de Janeiro – Brasil
Telefax (21) 3111 7465
http://www.museuimagensdoinconsciente.org.br/

Rio Grande do Sul

Centro de Atendimento em Terapias Humanas Existencial e Família – Cathef: Rua Bento Gonçalves, 2221 – sala 404, Caxias do Sul
Grupo de estudos

Rondônia

Grupo de Psicologia Analítica – GPA, Porto Velho.
Coordenação: Elisabete Christofoletti

christofoletti@enter-net.com.br
betechristofoletti@ibest.com.br

São Paulo – capital

Curso de sonhos – Ascânio Jatobá
Fone: (11) 3104 2345
ajatoba@uol.com.br
www.home.com.br/sonhos

Facis/Ibehe – Faculdade de Ciências da Saúde/Centro de Ensino Superior de Homeopatia
Rua Bartolomeu de Gusmão, 86
Fone: (11) 5084 3141
http://www.facis-ibehe.com.br

Himma – Estudos em psicologia imaginal
Coordenação: Marcus Quintaes e Santina Rodrigues
Av. Domingos de Morais, 2777 – cj. 72/73.
Vila Mariana – CEP 04035-001 – São Paulo – SP
Fone: (11) 5549 0613h
himma_saopaulo@terra.com.br
Grupo de estudos voltados a autores pós-junguianos.

Instituto Sedes Sapientiae
Diversos cursos de especialização e de extensão
http://www.sedes.org.br

Instituto de Psicologia da USP (Ipusp) – Laboratório de Estudos da Personalidade – LEP
Prof[a] Dr[a] Laura Villares de Freitas
lep@usp.br
Av. Prof. Mello Moraes, 1721 – Bloco D.
Telefone: (11) 3091-4172

Opus Psicologia e Educação: Rua Dr. Mário Cardim, 198 – Vila Mariana, São Paulo
Prof. Dr. Alberto Pereira Lima
Fone: (11) 5539 0574
www.opuspsicologia.com.br

Philemon: Rua Benjamim Egar, 66 – 6º and. – São Paulo
Fone: (11) 3088 6511
Grupo de estudos coordenado por Amnéris Maroni

PUC-SP – Cogeae
Cursos de especialização e extensão
http://cogeae.pucsp.br/

PUC-SP – Núcleo de Estudos Junguianos do Programa de Estudos Pósgraduados em Psicologia Clínica
Coordenação:Profª Drª Denise Gimenez Ramos
www.pucsp.br

São Paulo – interior

Instituto de Psicologia Junguiana – Bauru e região: Av. Rodrigues Alves, 8-4 s. 404, Bauru.
Fone: (14) 234 6833/ 223 2326

Instituto de Psicologia Analítica – Bauru
Fone: (14) 223 3938

Centro de Estudos Junguianos – Universidade de Marília: Av. Higino Muzzi Filho, Marília
Fone: (14) 421 4000
www.unimar.br
Projeto de ateliê e pintura em hospital-dia

Grupo de estudos: Rua Silva Jardim, 58 – Piracicaba
Fone: (19) 3422 0552
Grupo focado na proposta de Pethö Sándor, coordenado por Marlene Ribeiro

Aspas – Encontros Junguianos de Santos
aspassantos@hotmail.com
rimadiniz@uol.com.br
Fone: (13) 3234 9468/9773 3686 (Elisabeth)
Este grupo, coordenado por Rita Diniz, funciona desde 1997 e mantém atividades como palestras, grupos de estudos, supervisão etc.

Eranos: Santos
Fone: (13) 3289 7489
www.eranos.hpg.com.br
Cursos, grupo de estudos e supervisão junguiana.

Grupo de estudos: São José do Rio Preto.
Contato: Inês Zanetti
Fone: (17) 231 2729

Boitatá Centro de Estudos: São José dos Campos
http://www.boitata.org

3) PUBLICAÇÕES EM PORTUGUÊS

Obras completas de C. G. Jung, publicadas pela Vozes.

"Amor e Psique" publicada pela Paulus, com 75 títulos de diversos autores da psicologia analítica.

www.paulus.com.br

Existe, ainda, farta literatura da área publicada em português. Indicaremos alguns sítios com levantamento bibliográfico:

http://www.salves.com.br/jbooks.htm

http://www.symbolon.com.br/bibliografia1.htm

Com resenhas:

http://www.sbpa.org.br/resenhas.aspx

http://www.ajb.org.br/livraria.html

4) TESES E/OU DISSERTAÇÕES EM PSICOLOGIA ANALÍTICA ENCONTRADAS NO DIRETÓRIO DA CAPES (em busca no dia 20/2/2005)
http://www.capes.gov.br/capse/portal/conteudo/10/Teses_Dissertações.htm

Critérios: ano-base = 1987; assunto = psicologia analítica.
Aparecem 72 teses/dissertações

Critérios: ano-base = 1987; assunto = psicologia junguiana
Aparecem 13 teses/dissertações

impressão acabamento

rua 1822 n° 341
04216-000 são paulo sp
T 55 11 3385 8500
F 55 11 2063 4275
www.loyola.com.br